公認アスレティックトレーナー専門科目テキスト ＋ワークブック

予防とコンディショニング

文光堂

編集・執筆者一覧

編　集
　　石山　修盟　　　（Office I）

執　筆　（掲載順）
　　石山　修盟　　　（Office I）
　　竹村　雅裕　　　（筑波大学）
　　小粥　智浩　　　（流通経済大学）
　　山本　利春　　　（国際武道大学）

執筆協力
　　岩垣　光洋　　　（JFE東日本硬式野球部）
　　中島　幸則　　　（帝京大学）

日本スポーツ協会のスポーツ指導者資格の詳細については，日本スポーツ協会ホームページをご参照ください．
https://www.japan-sports.or.jp/coach/tabid63.html

発行に寄せて

　このワークブックは，公益財団法人日本スポーツ協会公認アスレティックトレーナーの資格取得を目指す皆さんが，アスレティックトレーナーとして備えるべき知識を習得するための教材として，自宅学習の充実を図るために作成したものです．

　アスレティックトレーナーとして必要とされる知識や技能は広い分野に及ぶため，限られた講習時間ですべてを身につけることは困難であり，自宅学習が必要不可欠です．

　そこで，このワークブックではテキストをもとにして各自でその内容について理解を深められるよう，テスト形式で構成していますので，テキストと併せて繰り返し学習することができます．ぜひ有効にご活用ください．

　競技者のパフォーマンスを高めるためのサポーターとして，主に競技特性に応じた技術面を担当するコーチ，そして医療を担当するスポーツドクターとともに，コンディショニングの専門家としてのアスレティックトレーナーに対する期待はますます高まってきています．

　そしてアスレティックトレーナーには，競技者を中心にコーチ，スポーツドクターや他のスタッフとの調整役も求められ，コミュニケーションスキルも必要となります．この意味で知識，技能を習得することはもとより，さまざまな役割を担う多くの関係者から信頼されるようヒューマニティを磨く努力を怠らないでください．自身と誇りを持って使命を全うするアスレティックトレーナーが多数誕生し，活躍してくれることを期待しております．

　　　　　　　　　　　　　　　　　　　　公益財団法人日本スポーツ協会　指導者育成専門委員会
　　　　　　　　　　　　　　　　　　　　アスレティックトレーナー部会長　河野一郎

このワークブックは，専門科目テキスト第1巻の「アスレティックトレーナーの役割」と第9巻の「スポーツと栄養」を除いて，基本的にテキストに対応した形で分冊になっています．ただし，第2巻の「運動器の解剖と機能」と第3巻の「スポーツ外傷・障害の基礎知識」は併せて1分冊に，またテキストのない「スポーツ科学」についてはワークブックを作成し，自宅学習を補助するための原稿を新たに書き起こして掲載しています．

序　文

　アスレティックトレーナーにとって，アスリートが持っている能力を最大限に発揮させるためのコンディショニングに関する役割，業務は大きな位置を占めます．

　このワークブックは，公益財団法人日本スポーツ協会公認『アスレティックトレーナー専門科目テキスト』第6巻「予防とコンディショニング」の内容の理解を深めるための学習用として作成したものです．

　「A．コンディショニングの把握と管理」では，コンディショニングの概念を整理し，目的，要素を理解します．また，コンディションを把握する必要性を理解し，コンディショニングを意識したトレーニング方法，評価方法を学習し，プログラムの立案，設計までの知識を整理し，理解を深めます．

　「B．コンディショニングの方法と実際」では，競技力（パフォーマンス）向上，傷害予防，疲労回復を目的としたコンディショニングの方法について理解し，実践，指導するためのポイントを整理し学習します．また，ウォーミングアップとクーリングダウン，フィットネス（基礎体力）チェック，フィールド（専門体力）テスト，身体（組成）測定，柔軟性テストの意義，目的，方法について理解を深めます．

　「C．競技種目特性とコンディショニング」では，多種多様なスポーツ種目を冬季競技，記録系競技，球技系競技，採点系競技，格闘系競技に整理し，さまざまなスポーツの特性を理解するようにします．また，各スポーツについて，競技(種目)特性，体力要素，傷害の特徴，傷害の予防措置，体調管理，パフォーマンス発揮・向上のためのコンディショニング方法，トータルコンディショニングの際の注意事項を整理し，プログラムの立案ができるよう学習し理解を深めます．

　内容は，穴埋め，論述，実技・実習の形式で構成され，知識・技術の整理，習得ができるよう工夫しています．

　このワークブックが皆様の自主学習を効果的に効率よく進めるうえで役立てていただければ幸いです．

石山修盟

目　次

A. コンディショニングの把握と管理

1. コンディショニングとは …………………………………………………………… 2
2. コンディショニングの要素（把握と管理）……………………………………… 3
3. 評価法 ………………………………………………………………………………… 12
4. トレーニング計画とコンディショニング ……………………………………… 16

B. コンディショニングの方法と実際

1. 競技力（パフォーマンス）向上を目的としたコンディショニングの
   方法と実際 …………………………………………………………………………… 22
2. 傷害予防を目的としたコンディショニングの方法と実際 …………………… 26
3. 疲労回復を目的とした方法と実際 ……………………………………………… 38
4. ウォーミングアップとクーリングダウンの方法と実際 ……………………… 46
5. フィットネス（基礎体力）チェック …………………………………………… 48
6. フィールド（専門体力）チェック ……………………………………………… 49
7. 身体（組成）測定，柔軟性テスト ……………………………………………… 50

C. 競技種目特性とコンディショニング …………………………………………… 52

解答編 ……………………………………………………………………………………… 56

- 各設問末尾のページ番号は，設問に関する記述が掲載されている日本スポーツ協会公認アスレティックトレーナー専門科目テキストの該当ページ（本書の場合は，6巻 予防とコンディショニングの該当ページ）を示します．
  ただし，❷，❸，❺などが付いているページ番号は6巻以外の巻の該当ページを示しており，❷は「2巻 運動器の解剖と機能」の該当ページ，❸は「3巻 スポーツ外傷・障害の基礎知識」の該当ページ，❺は「5巻 検査・測定と評価」の該当ページとなります．
- 問題の形式は，穴埋め（STEP 1），論述（STEP 2），実技（STEP 3），フローチャート（STEP 4）の4形式を設けており，知識の整理や，理解の促進に活用できる構成と内容になっています．

A コンディショニングの把握と管理

1 コンディショニングとは

STEP 1

問 1
コンディショニングの概念について，以下の図の空欄に適切な語句を入れてみましょう． ▶ p.3

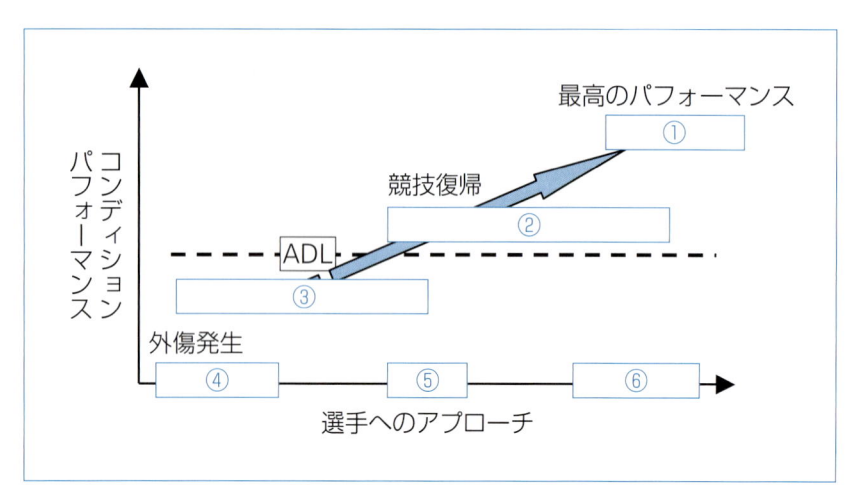

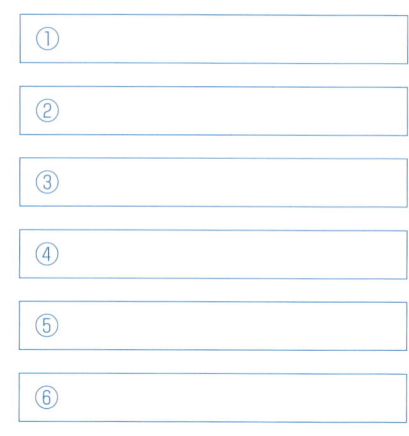

[図：縦軸「コンディション パフォーマンス」，横軸「選手へのアプローチ」．最高のパフォーマンス①，競技復帰②，ADL③，外傷発生④，⑤，⑥]

① ____
② ____
③ ____
④ ____
⑤ ____
⑥ ____

STEP 2

問 1
日本スポーツ協会が定めるアスレティックトレーナーからみるコンディションとコンディショニングの定義について，簡単に述べてみましょう． ▶ p.3

コンディション

____

コンディショニング

____

問 2
コンディショニングの目的を 2 つあげてみましょう． ▶ p.4

- ____
- ____

問3 コンディショニングの要素を3つあげ，それぞれ具体的な事例を考えられるだけあげてみましょう． ▶p.4

_____ 的因子

_____ 的因子

_____ 的因子

問4 コンディションを崩す要因を5つあげてみましょう ▶p.4

-
-
-
-
-

2 コンディショニングの要素（把握と管理）

STEP 1

問1 コンディショニングの要素の1つである環境的因子について，以下の_____に適切な語句を入れてみましょう．▶p.12-16

1. シューズの形状やサイズは_____（_____）によって決められる．

2. 足の足長（size）は，_____から_____を結ぶ直線を足軸として，踵点から最も_____足先点までを足軸に平行に測った長さをいう．

3. 足囲（wize）とは，_____と_____を通る足の断面の周径囲をいう．

4. 足のつま先の形状は，①＿＿＿＿＿＿＿＿＿＿，②＿＿＿＿＿＿＿＿＿＿，③＿＿＿＿＿＿＿＿＿＿のタイプに分類され，日本人に最も多く見られるのは＿＿＿＿＿＿＿＿＿＿タイプである．

| ① | ② | ③ |

5. 競技用シューズは，＿＿＿＿＿＿＿＿＿＿と＿＿＿＿＿＿＿＿＿＿の観点からシューズの適合性が必要となる．

6. ランニングでは，着地時に体重の＿＿＿～＿＿＿倍の荷重が身体に繰り返しかかる．

7. 着地衝撃緩衝は主として＿＿＿＿＿＿＿＿＿＿筋がその働きをしており，＿＿＿＿＿関節の屈曲を調整して行われる．

8. ランニングや歩行などの運動で足が接地するとき，足関節は回内（＿＿＿＿＿・＿＿＿＿＿・＿＿＿＿＿）する．しかし，過度の回内は下腿の＿＿＿＿＿＿が大きくかつ長く持続するため膝関節にかかる＿＿＿＿＿＿力や＿＿＿＿＿＿力が大きくなり，膝関節の痛みや障害発生の原因となる．

9. ランニングや歩行時に地面を足で蹴って身体に推進力を与える．このとき足は，＿＿＿＿＿＿＿＿＿＿（MP関節）が屈曲する．したがって足の屈曲に適応したシューズの＿＿＿＿＿＿＿＿が必要になる．

問2　コンディショニングの要素の1つである心因的因子について，以下の＿＿＿＿＿＿＿＿に適切な語句を入れてみましょう．▶p.23-26

1. 日本スポーツ心理学会が近年，競技者の心理面をサポートする専門資格＿＿＿＿＿＿＿＿＿＿＿＿＿＿＿＿＿＿＿＿＿＿＿＿＿＿＿＿＿＿＿＿の資格認定を行っている．

2. 興奮とパフォーマンスの間には＿＿＿＿＿＿＿＿曲線を導くような関係がある．この図を＿＿＿＿＿＿＿＿＿＿＿＿＿＿＿＿＿＿＿＿＿＿曲線という．

3. 現場で個人の性格もあり，種目特性，個人差を考慮したうえで興奮の＿＿＿＿＿＿＿＿＿＿を見つけ出す努力が必要である．

4. 興奮水準を下げるときに用いる技法に＿＿＿＿＿＿＿＿＿＿＿＿＿＿＿＿＿＿＿がある．この方法には，①＿＿＿＿＿＿＿＿，②＿＿＿＿＿＿＿＿＿＿＿＿＿＿，③＿＿＿＿＿＿＿＿＿＿＿＿の3つがある．

5. 興奮水準を高めることを＿＿＿＿＿＿＿＿＿＿＿＿＿＿＿＿＿＿という．その機能をはたすのが準備運動である．また，興奮水準を高める要因に物理的刺激のほか＿＿＿＿＿＿＿や＿＿＿＿＿＿＿の思考の仕方も大きな要因になる．

6. "マイナス思考"から"プラス思考"に脱する際に効果的な方法として ＿＿＿＿＿＿＿＿＿＿＿＿＿＿＿＿＿，＿＿＿＿＿＿＿＿＿＿＿＿＿＿＿＿＿ がある．

STEP 2

問 1
代謝系因子のなかで代表的な指標である以下のキーワードについて，それぞれ簡単に説明してみましょう． ▶ p.6-7

最大酸素摂取量

最大酸素負債

血中乳酸

乳酸性作業閾値

問 2
身体的因子として考えられる因子を7つあげてみましょう． ▶ p.6-11

-
-
-
-

-
-
-

問 3
競技者に"関節不安定性"があることによりどのような不利益が生じるか述べてみましょう． ▶ p.8

2. コンディショニングの要素（把握と管理）

問 4 アラインメントの異常は身体にどのような影響を及ぼすか，述べてみましょう． ▶ p.8-9

問 5 代表的な下肢の静的アラインメントの計測方法を述べてみましょう． ▶ p.8-9

Q-angle

leg-heel alignment

問 6 身体組成の指標となる項目を1つあげ，パフォーマンスとの関係について述べてみましょう． ▶ p.9

問 7 免疫とスポーツの関係について，述べてみましょう． ▶ p.9

問 8 運動能力と関係する神経系指標をあげ，簡単に説明してみましょう． ▶ p.10

問 9 環境的因子として重要なシューズの基本機能をあげてみましょう． ▶ p.12-16

-
-
-
-

問 10 環境的因子であるシューズの選択の際に留意（考慮）することを，コンディショニングの観点からまとめてみましょう． ▶ p.12-16

問 11 運動中，運動前後にスポーツウェアに必要な機能性をあげてみましょう． ▶ p.17

-
-
-
-

-
-
-

問 12 環境的因子であるスポーツウェアに，春夏秋冬それぞれの季節に求められる機能をあげてみましょう． ▶ p.17-19

春夏

秋冬

問 13 環境的因子である用具・道具・防具について，簡単に説明してみましょう． ▶ p.20-26

用具

道具

防具

問 14 防具の使用に際して注意する点をできるだけあげてみましょう． ▶ p.21-22

-
-
-
-
-

問 15 ヤーキンス・ドットソンの逆U字曲線を図の中に描いてみましょう． ▶ p.23

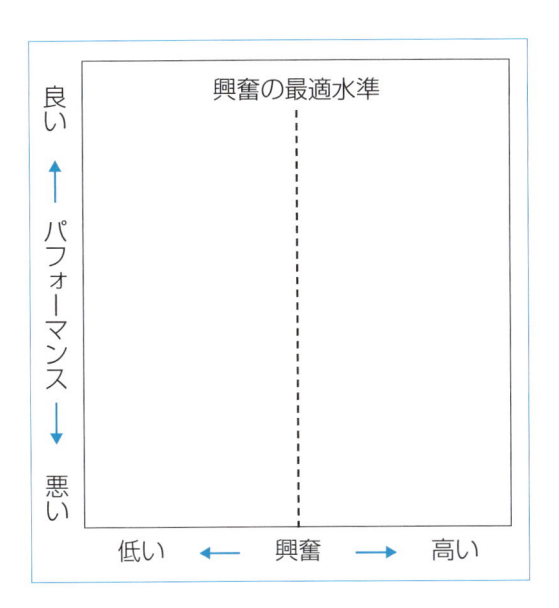

```
良い
 ↑
パフォーマンス          興奮の最適水準
 ↓
悪い
    低い ← 興奮 → 高い
```

問 16 興奮水準が高いほうがハイパフォーマンスにつながる競技をあげてみましょう． ▶ p.23-26

問 17 興奮水準が低いほうがハイパフォーマンスにつながる競技をあげてみましょう． ▶ p.23-26

問 18 "マイナス思考"とはどのようなことか，まとめてみましょう． ▶ p.24-25

STEP 3

問 1 あなたがサポートしているスポーツにおける技術的なコンディションの指標として用いている事例の目的，方法，評価基準を書き出してみましょう． ▶ p.6-11

問 2

あなたがサポートしているスポーツの筋力指標として考えられる項目，具体的な方法をあげてみましょう． ▶ p.6-11

問 3

自分を含め 10 名の足長（荷重時・非荷重時），足囲（荷重時・非荷重時），つま先タイプを測り，考察してみましょう． ▶ p.12-16

		1	2	3	4	5	6	7	8	9	10
足長	荷重時	cm	cm	cm	cm	cm	cm	cm	cm	cm	cm
	非荷重時	cm	cm	cm	cm	cm	cm	cm	cm	cm	cm
足囲	荷重時	cm	cm	cm	cm	cm	cm	cm	cm	cm	cm
	非荷重時	cm	cm	cm	cm	cm	cm	cm	cm	cm	cm
つま先タイプ											

問 4

あなたのサポートしている競技における道具，防具をあげてみましょう． ▶ p.20-22

競技名

道具・用具

問 5

興奮水準を下げるための呼吸法と漸進的筋弛緩法を実際に行ってみましょう． ▶ p.23-24

問6 思考切り替えトレーニングを実際にやってみて，以下のシートに記入してみましょう． ▶ p.24-26

【思考切り替えトレーニング】

　試合で実力を発揮するためにはプラス思考が必要です．しかし，プラス思考が大切とわかっていても相手チームがとても強かったり，自分がミスをしてしまった場合など，どうしてもマイナス思考になってしまうことがあるでしょう．

　そこで，試合時にマイナス思考に陥りやすい場面で気持ちをマイナス思考からプラス思考へ転じるトレーニングを行いましょう．

《思考切り替えトレーニング記入方法》

　次にあげられたような場面で，あなたの頭の中に浮かぶ弱気な考え（マイナス思考）を
左の〔　　　〕に記入して下さい．右の〔　　　〕には強気な考え（プラス思考）を記入して下さい．

（例）　相手が予想以上に強い時

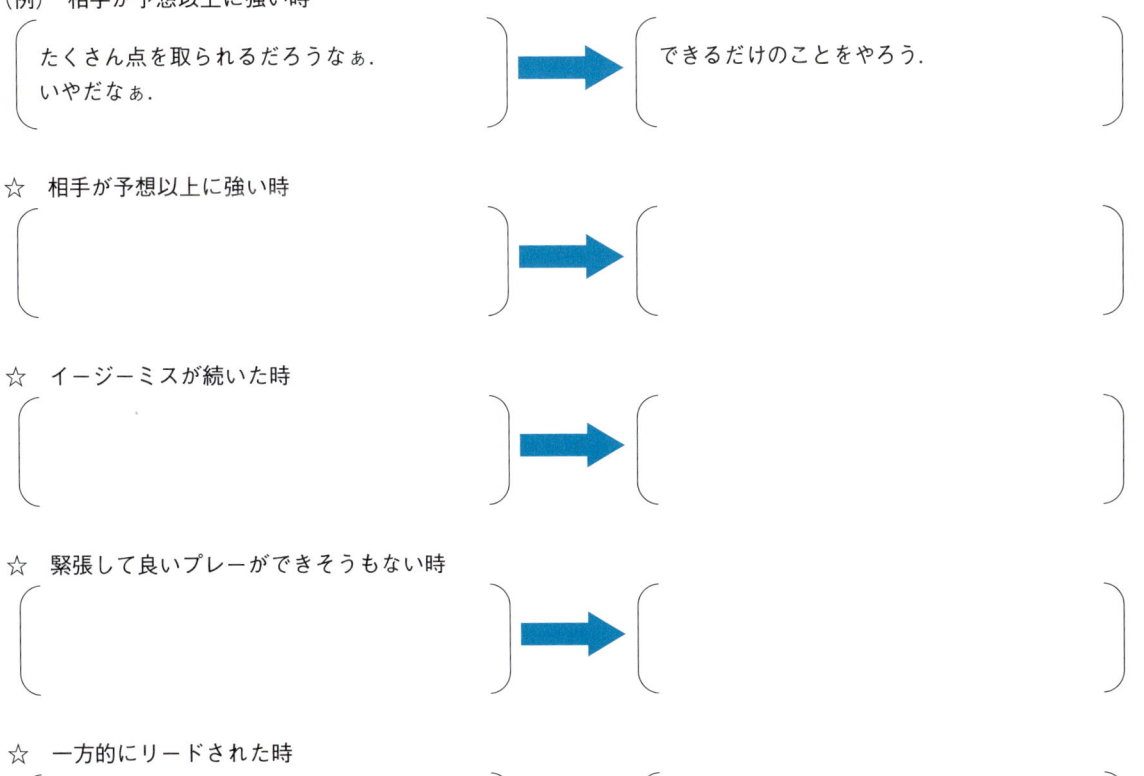

〔 たくさん点を取られるだろうなぁ．いやだなぁ． 〕 ➡ 〔 できるだけのことをやろう． 〕

☆　相手が予想以上に強い時

〔　　　　　　　　　　　　〕 ➡ 〔　　　　　　　　　　　　〕

☆　イージーミスが続いた時

〔　　　　　　　　　　　　〕 ➡ 〔　　　　　　　　　　　　〕

☆　緊張して良いプレーができそうもない時

〔　　　　　　　　　　　　〕 ➡ 〔　　　　　　　　　　　　〕

☆　一方的にリードされた時

〔　　　　　　　　　　　　〕 ➡ 〔　　　　　　　　　　　　〕

3 評価法

STEP 1

問 1
コンディション評価の必要性について，以下の文章が適切かどうか○か×かで答えてみましょう．
▶ p.27-34

1. オリンピック前の世界ランキングや国際大会の平均順位は，オリンピックのリザルトと相関を持つ． □

2. 図に示されている競技種目は，コンディショニングに失敗したと考えられる． □

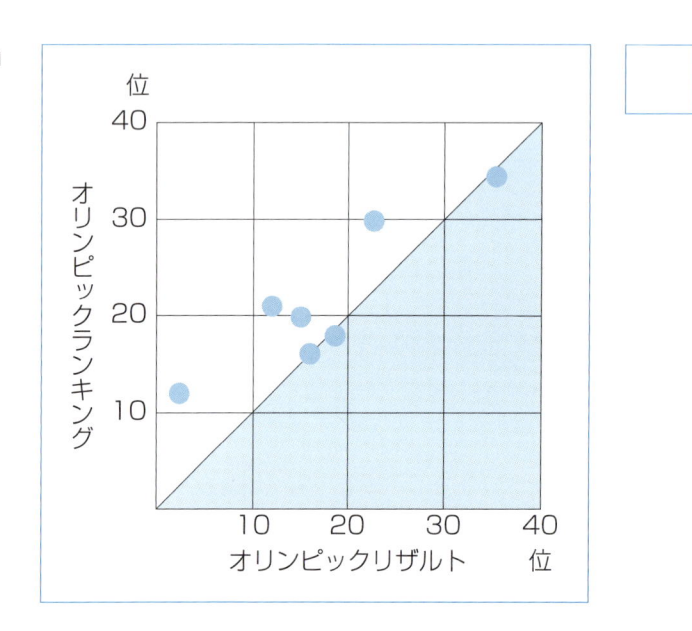

3. 球技スポーツと記録系の競技を比べると，コンディショニングの成否を大きく左右するのは球技系のスポーツである． □

4. コンディションを正確に把握するためには，競技者の個性の把握，競技者個々に適した評価法の選択，感度の高い評価指標の選択が重要である． □

5. スタッフの役割によって選手に行うコンディション評価の内容は異なるが，その情報を共有することがチーム・選手のために求められる． □

問 2
コンディション指標および評価法について，以下の_____に適切な語句を入れてみましょう．
▶ p.35-42

1. コンディションの評価指標には，_____因子，_____因子，_____因子がある．

2. 身体組成や周径囲のデータからは，体重の増加が_____によるものか，_____の増加によるものかを推測することができる．

3. 筋柔軟性は筋の_____の指標であるが，_____前後での違いや_____との変化を競技者自身が意識するように教育・啓発をすることが大切である．

4. 疲労が蓄積しているときやオーバートレーニングの徴候がみられるときには，一般的に脈拍が_____なる．

5. フィットネステストは，_____レベルの把握，_____の設定，傷害からの_____の指標に利用される．

6. 熱中症の予防のために_____の測定が有効である．これは暑さ寒さに関する_____・_____・輻射熱の3因子から算出される指標である．

7. 心理的コンディションを把握するための代表的な評価方法として，気分プロフィール検査，通称_____がある．これは_____の指標として有効である．

問3 コンディション評価について，以下の_____に適切な語句を入れてみましょう． ▶ p.43-44

1. 競技者自身が行うセルフコントロールでは，習慣的に行われるように_____評価指標が有用である．

2. プライマリーコントロールでは，_____や_____によって専門的な指標を用いた評価が行われる．

3. 二次コントロールにおける評価は，_____や医療機関で行われる専門的なものである．

4. コントロールテストは，_____の効果とコンディショニングの効果を評価する目的で，競技種目特性を反映した_____である．

STEP 2

問1 有酸素性能力の測定には直接的方法と間接的方法がありますが，それぞれの利点・欠点を簡潔にまとめてみましょう． ▶ p.38

直接的方法

利点

欠点

間接的方法

利点

欠点

| 問2 | コンディション評価を効果的に実施するためには，どのような点に留意したらよいか，簡単にまとめてみましょう． ▶ p.50-51 |

-
-
-
-
-

STEP 3

| 問1 | あなたが専門とする競技に必要とされるフィールドテストの項目を列挙してみましょう． ▶ p.40 |

競技種目：

フィールドテスト項目	求められる体力要素
例：Yo-Yo テスト	持久力（間欠的）

A．コンディショニングの把握と管理

問2 次のコンディションチェックシートを用いて，3日間のあなたのコンディションをチェックしてみましょう．脈拍・体温・体重の測定と記入は，起床後すぐに行うようにしてください．▶ p.44-51

項目	月　日	月　日	月　日	計測・記入方法
脈　拍	bpm	bpm	bpm	起床時15秒間の脈拍×4
体　温	℃	℃	℃	起床時
体　重	kg	kg	kg	起床後すぐ
睡眠状況	1・2・3・4・5	1・2・3・4・5	1・2・3・4・5	5：非常に良い 〜 1：非常に悪い
睡眠時間	時間　　分	時間　　分	時間　　分	15分単位
疲労感	1・2・3・4・5	1・2・3・4・5	1・2・3・4・5	5：全く疲労なし 〜 1：かなり疲労あり
食　事	1・2・3・4・5	1・2・3・4・5	1・2・3・4・5	5：十分食欲あり 〜 1：全く食欲なし
体　調	1・2・3・4・5	1・2・3・4・5	1・2・3・4・5	5：最良 〜 1：最悪
特記事項（身体的に何か症状があれば記載）				例：頭痛　下痢

4 トレーニング計画とコンディショニング

STEP 1

問 1 トレーニング計画とコンディショニングについて，以下の _____ に適切な語句を入れてみましょう． ▶p.52-85

1. トレーニングのような刺激を身体に与えると，一時的に疲労し体力水準は低下するが，適切な _____ をとると，以前の水準以上に回復する現象を _____ という．

2. 休息時間が十分でないと，慢性的な疲労によるパフォーマンスの低下が生じ，超回復どころか，逆に _____ を引き起こす危険性がある．

3. ATP を最も早く供給できるのが _____ 系のメカニズムである．

4. 筋中の ATP はごく少量しか蓄えられていないので，すぐに _____ してしまうため，筋中の _____ が分解して，ATP を再合成する．

5. Type Ⅱa 線維は，Type Ⅱb 線維と比較して，_____ に優れ，_____ の密度も高く疲労しにくい．

6. _____ とは，等尺性収縮の様式を利用したトレーニングである．

7. 等張性収縮は，筋を短縮しながら力発揮する，_____（_____）筋収縮と筋が引き伸ばされながら力発揮する _____（_____）とに分けられる．

8. 陸上短距離選手とマラソン選手で筋組成を比較してみると，前者では _____ が，後者では _____ の割合が多い．

9. トレーニングの量や強度は，_____ に増加させる必要がある．技術的にも簡単なものから難易度の高いものへと徐々に移行することが重要であり，これを _____ の原則という．

10. トレーニングは部位や種目に偏ったものではなく，バランスよく強化しなければならない．これを _____ の原則という．例えば，ジャンプ力を強化するために大腿四頭筋ばかりを強化し，拮抗筋である _____ を強化しなければ肉離れの可能性もある．

11. 5～8歳は，主に _____ の発達が著しい．特に9～12歳のゴールデンエイジを前に _____ と呼ばれることもある．

12. 準備期は，目標とする競技能力を獲得するための基礎体力の向上を目指し，_____ までに競技に必要な _____ を養成する．

13. 準備期の中の基礎筋力期では，専門とする競技動作に必要な筋力を向上させることを目的とする．レジスタンストレーニングでは，筋肥大期よりも_____を用い，回数を_____する．

14. 準備期の中の筋力/パワー期は，準備期において作り上げてきたトレーニング効果を統合し，最大の出力を_____で発揮できるようにする時期である．

15. 筋力とは，_____を考慮しない，力の発揮能力のことと定義できる．パワーは力 × _____で表される．

16. 実際の競技動作は，0.1〜0.2秒の間で行われているが，最大筋力に達するのは，_____〜_____秒必要とされている．

17. _____とは，瞬時に最大筋力を発揮するパワー養成トレーニングである．日本語では_____パワートレーニングと呼ばれることもある．

18. プライオメトリクスを行ううえでの注意点として，身体への衝撃が大きいため，筋付着部周辺に損傷を生じやすいことである．そのため_____にはプログラムの作成に十分注意する．

19. デプスジャンプにおいては，着地時に矢状面上において_____と_____のラインが直線上にあることが望ましい．

20. LSDとは_____の略で，長距離を長時間_____としたペースで走るトレーニングである．

21. ペース走とは，有酸素運動を持続できる限界の強度，つまり_____でのトレーニングである．

22. _____とは，自然の地形や起伏を利用して行うトレーニングである．上り坂では脚筋力を，下り坂では_____を養成できるようなトレーニングができる．

23. トレーニング種目は，_____と補助エクササイズに分けられる．前者は，競技に直接的な影響を与える筋群を強化するものであり，_____を利用した多関節運動である．

24. RPEとは，_____のことを示し，運動中に感じる主観的な強度の尺度である．きついと感じる尺度は_____〜_____くらいである．

STEP 2

問1 各筋線維の特徴を整理して述べてみましょう． ▶ p.57

筋線維 Type	他の分類法1	他の分類法2	特徴
Type Ⅰ	①	②	③
Type Ⅱa	④	⑤	⑥
Type Ⅱb	⑦	⑧	⑨

問2 等速性筋収縮測定器による，筋力測定のメリットとデメリットを整理して述べてみましょう． ▶ p.57-59

メリット
-
-
-
-

デメリット
-
-
-
-

問3 ピリオダイゼーションのサイクルを大きく3つに分類し，その内容を簡単に述べてみましょう． ▶ p.65-66

サイクル	内容
①	②
③	④
⑤	⑥

A．コンディショニングの把握と管理

| 問 4 | 競技シーズンを4つのサイクルに分類し，それぞれのシーズンで行うべき内容を簡単に述べてみましょう． ▶ p.69-70 |

シーズン名	内容
①	②
③	④
⑤	⑥
⑦	⑧

| 問 5 | トレーニングにおける，プライオリティの原則を，5つの要素でまとめてみましょう． ▶ p.81 |

-
-
-
-
-

| 問 6 | スーパーセット法とコンパウンドセット法それぞれの内容と具体的トレーニング種目例をあげてみましょう． ▶ p.81 |

方法	内容	具体例
スーパーセット法	①	②
コンパウンドセット法	③	④

STEP 3

| 問 1 | アームカールを行ううえで，レバーアームの長さの違いにより，上腕二頭筋にかかる負荷の違いを体験してみましょう． ▶ p.59 |

⚠ 体現によって，受傷，発症などの危険がないよう注意してください．

B コンディショニングの方法と実際

1 競技力（パフォーマンス）向上を目的としたコンディショニングの方法と実際

STEP 1

問 1
コンディショニングトレーニング（機能向上，回復，向上）について，以下の＿＿＿に適切な語句を入れてみましょう．▶ p.86-90

1. 立位でのバランス，特に片脚立位でのバランスを維持するためには，＿＿＿の安定性が重要である．

問 2
スプリント種目とエンデュランス種目に求められる要因としての，ATPの再生過程であるエネルギー供給系は以下の3つに分類することができます．エネルギー供給系の要点について，以下の＿＿＿に適切な語句を入れてみましょう．▶ p.149

1. 非乳酸系：短時間高強度の運動では，筋肉内にある＿＿＿（＿＿＿＿＿＿＿＿＿＿＿＿＿＿＿＿＿＿）が，酸素を使用せずに分解され，エネルギーを産出する．

2. 乳酸系：40〜50秒程度続く運動では，血液や筋肉内の糖分である＿＿＿＿＿＿や＿＿＿＿＿＿が酸素の十分でない状態で分解されてエネルギーを産出する．この過程で疲労物質である＿＿＿が生み出され，これが筋肉の収縮を制限することになる．

3. 有酸素系：強度が低く，長く続けることができる運動では，血液や筋肉内の糖分や脂肪を＿＿＿を十分に使用できる状態で分解して＿＿＿＿＿＿のエネルギーを産出する．

問 3
スプリントとエンデュランストレーニングについて，以下の＿＿＿に適切な語句を入れてみましょう．▶ p.149-151

1. サッカー，ラグビー，テニスなどのボールゲームでは，相手の動きなどに反応して＿＿＿＿＿＿＿，そして短い距離の＿＿＿＿＿＿が重要になることが多い．

2. 下肢の動きを司る＿＿＿＿＿と＿＿＿＿＿がスムーズに交替して活動を続けることが要求される．この筋のコントロールに関する反射を＿＿＿＿＿＿＿と呼ぶ．

3. 短い＿＿＿＿＿（0.1秒程度）で地面をキックするためには，脚の筋力・パワーも重要となる．特に前方に振り出した脚を接地前に体の下に戻し，キック時に大きな力を発揮する＿＿＿＿＿＿，そして地面をキックした後，脚を素早く前方に引き出す＿＿＿＿＿＿が重要となる．

問 4
エンデュランストレーニングについて，以下の_____に適切な語句を入れてみましょう．
▶ p.151-153

1. エンデュランストレーニングのねらいとは，肺，血管，心臓などの_____，および筋肉への刺激を与え，_____や_____を改善することである．

2. _____は，有酸素的に行うことができる最高の運動強度のことを指す（AT：anaerobic threshold）．徐々に運動スピードを上げていくと，ある強度で無酸素ゾーンに入り，ここからは血液や筋肉に_____がたまり始める．ATを超えて運動を続けようとすると，筋が酸性に傾かないように中和しようとする化学反応である_____が起こり，その結果，多くの二酸化炭素が排出されて，換気量が増える．

3. エンデュランストレーニングの形態として，_____と_____をあげることができる．

4. _____の例として，走距離の長いマラソンでは，急走，回復のジョギングともに長くして，_____への依存を強くし，ボールゲームでは，短いダッシュが不規則に繰り返されるため，高強度で短い距離の急走と同程度の距離のジョギングを繰り返すことで，緩衝能を高め，全身持久力のみならず_____や筋持久力を改善することができる．

5. スプリントとは，競争距離が短く，比較的短時間で終了する種目を指す．スプリントトレーニングは，短時間に_____を発揮し，最大，あるいは最大に近い_____を高めることがねらいである．

6. コンタクトがあるボールゲームでは，短距離走に求められる技術ポイントに加えて，_____を短くしてピッチを高め，_____を落とした安定性のある走りを目指す必要がある．これにより，コンタクト時にもバランスを崩すことも少なく，状況に応じた_____も機敏に行うことができる．

問 5
サーキットトレーニングについて，以下の_____に適切な語句を入れてみましょう．
▶ p.162-177

1. サーキットトレーニングは，筋力，パワー，筋持久力，全身持久力など多くの体力要因を同時に_____に高めることができるトレーニング方法である．

2. トレーニング現場ではオフシーズンの鍛錬期に_____体力を総合的に改善することが多いが，運動の種類，強度，反復回数，休息時間などを工夫することで_____体力を高めるトレーニングとしても利用している．

3. 一般的体力を総合的に高めることはきわめて重要な意味を持つ．それは，スポーツで要求される_____は一般的体力という土台の上に位置づくものであり，土台が強固なものであればあるほど，_____を高めることは容易になる．

4. エクササイズの選択は，目的に応じて＿＿＿～＿＿＿種目選択し，次に＿＿＿＿＿＿＿＿＿の運動が続かないよう実施順序を決める．

5. 反復回数を決める際，トレーニング初心者は，それぞれのエクササイズごとに30秒間に繰り返すことのできる＿＿＿＿＿＿＿＿を測定し，その＿＿＿＿＿＿を実施回数と定める．

6. 種目間のつなぎを決定する際，目的に応じていろいろと選択できる．つなぎを短くすると＿＿＿＿＿＿＿＿の改善が強調され，ジョギングを長く速くすると＿＿＿＿＿＿＿＿＿＿を高めるのに効果的である．また，強度を長く弱くすることにより，より回復した状態で次の種目を行うようにすると＿＿＿＿＿＿・＿＿＿＿＿＿＿＿を高めるのに有効となる．

7. サーキットトレーニングで最も留意すべきことは，＿＿＿＿＿＿＿＿＿＿＿に行うことである．また，＿＿＿＿＿＿＿＿＿＿＿をフルに使った大きな動作を心がけ，筋肉をダイナミックに動かすことも大切である．

8. 主働筋-拮抗筋の運動を一組にして行う．拮抗筋を動員した運動を連続させるセット構成は，活動筋を交代することによる休息の効果と同時に，＿＿＿＿＿＿＿＿＿＿＿＿＿＿による主働筋のリラックスを生みやすいとされる．

9. アスレティックリハビリテーションにおいて，＿＿＿＿＿＿＿＿＿＿＿の運動は落とした状態で，それ以外の部分や呼吸循環器系の負荷を高く保つような設定が可能である．

10. 体力向上を目的としたサーキットトレーニングには，過負荷の原則に照らして，トレーニング効果の発現に伴う＿＿＿＿＿＿＿＿＿＿＿＿＿が不可欠である．

STEP 2

問1 以下の競技種目別に，筋力トレーニングの中でも重点をおくべき要素を簡単に述べてみましょう．
▶ p.86-87

相撲・ラグビー

サッカー・バレーボール

陸上長距離

| 問 2 | コーディネーション能力の 7 つの要素のうち自由に 3 つ選び，その内容を簡単に述べてみましょう． ▶ p.87，119 |

要素	内容

STEP 3

| 問 1 | インターバルトレーニングの原則（急走期は心拍数を 180 拍 / 分まで上昇させ，休息期は 120 拍 / 分まで回復させる）に従って体験してみましょう．運動形態の選択は自由です． ▶ p.94 |

⚠ 体現によって，傷害を生じないように十分なウォーミングアップをしてください．

| 問 2 | ウエイトトレーニングにおける，基本的な呼吸法を体験してください．持ち上げる局面（コンセントリック）では息を吐き，降ろす局面（エキセントリック）では息を吸うことに注意して行ってみましょう． ▶ p.96-97 |

| 問 3 | バックスクワットの正しいやり方を体験してみましょう． ▶ p.103-104 |

⚠ 体現によって，傷害を生じないように十分なウォーミングアップをしてください．

| 問 4 | トレーニング目標に基づく負荷と反復回数を基に，目標の違いによるトレーニング設定の違いを体験してみましょう．（例：筋肥大と最大筋力の場合）▶ p.118 |

⚠ 体現によって，傷害を生じないように十分なウォーミングアップをしてください．

| 問 5 | コーディネーショントレーニングの種目である，トス＆パスを体験してみましょう．さらに自分の専門とする競技で応用種目を考えてみましょう． ▶ p.120-121 |

| 問 6 | 腹部全体をへこませるようにして，腹圧が高められている状態を体験してみましょう． ▶ p.127 |

| 問 7 | ラダードリル（シャッフルとイン・アウト・アウト・イン）をリズムよく行うことができるか体験してみましょう． ▶ p.139-141 |

⚠ 体現によって，傷害を生じないように十分なウォーミングアップをしてください．

2 傷害予防を目的としたコンディショニングの方法と実際

①ストレッチング

STEP 2

問1 ストレッチングの目的を3つあげてみましょう． ▶p.178

-
-
-

問2 ストレッチングにおける筋と神経の関係における伸張反射と相反性神経支配について，説明してみましょう． ▶p.178

伸張反射

相反性神経支配

問3 以下の4種類のストレッチングにおける特徴を整理して述べてみましょう． ▶p.178-180

スタティックストレッチング

徒手抵抗ストレッチング

ダイナミックストレッチング

バリスティックストレッチング

問 4
以下にあげる事柄について，ストレッチングの使い分けとしての留意点を整理して述べてみましょう． ▶ p.180–182

ウォーミングアップ

軽度の筋損傷や疲労性の疼痛

力発揮や動き

クーリングダウン

問 5
ストレッチングを効果的に進めるためのポイントを 5 つあげてみましょう． ▶ p.183–184

-
-
-
-
-

STEP 3

問1 テキストに記載されたダイナミックストレッチング（▶ p.180 図Ⅵ-B-157）およびバリスティックストレッチング（▶ p.181 図Ⅵ-B-158）を参照しハムストリングス，股関節のストレッチングを実際に行ってみましょう．

問2 テキストに記載された下肢後面のストレッチング（▶ p.202 図Ⅵ-B-198）を参照し，スタティックストレッチングを実際に行い，つま先の向き（股関節の内外旋）によって伸張される筋が変わることを実感してみましょう．

問3 テキストに記載された大腿部前面のストレッチング（▶ p.203 図Ⅵ-B-202，p.204 図Ⅵ-B-203）を参照し，それぞれの姿勢でスタティックストレッチングを実際に行い，伸張される筋が変わることを実感してみましょう．

問4 テキストに記載された下腿後面のストレッチング（▶ p.206 図Ⅵ-B-208）を参照し，それぞれの姿勢でスタティックストレッチングを実際に行い，伸張される筋が変わることを実感してみましょう．

問5 テキストに記載された徒手抵抗ストレッチングの解説（▶ p.179）を参照し，アイソトニック法およびアイソメトリック法のそれぞれの方法を使い，徒手抵抗ストレッチング（▶ p.208-213）を実際に行ってみましょう．

②テーピング

STEP 2

問1 テーピングの目的を3つあげ，簡単に説明してみましょう．　▶ p.214-215

・	：

・	：

・	：

問 2　テーピングの効果をあげてみましょう． ▶ p.215

-
-
-
-

問 3　テーピングを行ううえでの注意事項をあげ，各項目を実施する意味について，箇条書きで数例あげて，簡潔に記してみましょう． ▶ p.216

⚠ 注意点を確認しながら実際に巻いてみましょう．その際に気づいたことや難しいと思われる点をメモしておきましょう！

-
-
-
-
-
-

2．傷害予防を目的としたコンディショニングの方法と実際

問 4

足部内側縦アーチの解剖について，以下の図の①〜⑤に適切な語句を入れてみましょう．
▶❷ p.107 図Ⅱ-D-38

①
②
③
④
⑤

問 5

足部アーチのテーピングを行う際の注意点を，巻く手順に沿ってあげてみましょう． ▶ p.224-227

⚠ 注意点を確認しながら実際に巻いてみましょう．その際に気づいたことや難しいと思われる点をメモしておきましょう！

①肢位

②足部アンカー

③縦サポート

④水平サポート

⑤足背部アンカー

⑥評価

問6　足関節内返し捻挫の際に損傷する靱帯と，その靱帯の正しい位置関係を示してみましょう．　▶❷ p.109 図Ⅱ-D-42

①

②

③

④

問7　足関節の運動について，以下の図のa〜dの動きの名称をあげてみましょう．　▶❷ p.110 表Ⅱ-D-6

a

b

c

d

問8　足関節のテーピングを行う際の注意点を，巻く手順に沿ってあげてみましょう．　▶ p.227-234

⚠ 注意点を確認しながら実際に巻いてみましょう．その際に気づいたことや難しいと思われる点をメモしておきましょう！

①肢位

②アンカー

③スターアップ

④ホースシュー

⑤サーキュラー

⑥ヒールロック

⑦フィギィアエイト

⑧評価

問9 アキレス腱に対するテーピングを行う際の注意点を，巻く手順に沿ってあげてみましょう．
▶ p.235-236

⚠ 注意点を確認しながら実際に巻いてみましょう．その際に気づいたことや難しいと思われる点をメモしておきましょう！

①肢位

②アンカー

③サポートテープ

④ラッピングテープ

⑤評価

問10 膝関節の解剖について，以下の図の①〜⑥に適切な語句を入れてみましょう． ▶❷ p.96 図Ⅱ-D-12

①

②

③

④

⑤

⑥

2．傷害予防を目的としたコンディショニングの方法と実際

問 11 膝関節の傷害について，以下の _____ に適切な語句を入れてみましょう． ▶❸ p.101

1. スポーツによる膝関節の外傷・障害は頻度が高く，_____ ・_____ ・関節軟骨など膝関節を構成する重要な組織が損傷し，支障をきたすことが多い．

2. その中でも，前十字靱帯はスポーツ活動中に損傷することが多く，コンタクトスポーツで外力が直接膝関節に加わり断裂する場合と，直接外力は加わらず，_____ 筋が急激に収縮する動作や膝に_____ が加わる動作により断裂する場合がある．

問 12 膝関節のテーピングを行う際の注意点を，巻く手順に沿ってあげてみましょう． ▶ p.239-240

⚠ 注意点を確認しながら実際に巻いてみましょう．その際に気づいたことや難しいと思われる点をメモしておきましょう！

①肢位

②アンカー

③X・縦サポートテープ

④スパイラルテープ

⑤斜め方向サポートテープ（前十字靱帯損傷の場合）

⑥スプリットテープ

⑦評価

問 13　肩関節の運動について，以下の図の a〜f の名称を入れてみましょう．▶❺ p.39

肘関節を前方90°に屈曲した肢位

| a | c | e |
| b | d | f |

問 14　肩関節反復性前方脱臼に対するテーピングを行う際の注意点を，巻く手順に沿ってあげてみましょう．▶ p.246

⚠ 注意点を確認しながら実際に巻いてみましょう．その際に気づいたことや難しいと思われる点をメモしておきましょう！

①肢位

②アンカー

③スパイラルテープ

④アンカー

⑤評価

問15 肘関節の解剖について，以下の図の①〜⑤に適切な語句を入れてみましょう．
▶❷ p.69 図Ⅱ-C-24

①

②

③

④

⑤

問16 肘関節のテーピングを行う際の注意点を，巻く手順に沿ってあげてみましょう． ▶ p.247-248

⚠ 注意点を確認しながら実際に巻いてみましょう．その際に気づいたことや難しいと思われる点をメモしておきましょう！

①肢位

②アンカー

③X・縦サポートテープ

④ラッピングテープ

⑤評価

問17 手関節の運動について，以下の図のa〜dの名称を入れてみましょう． ▶❺ p.40

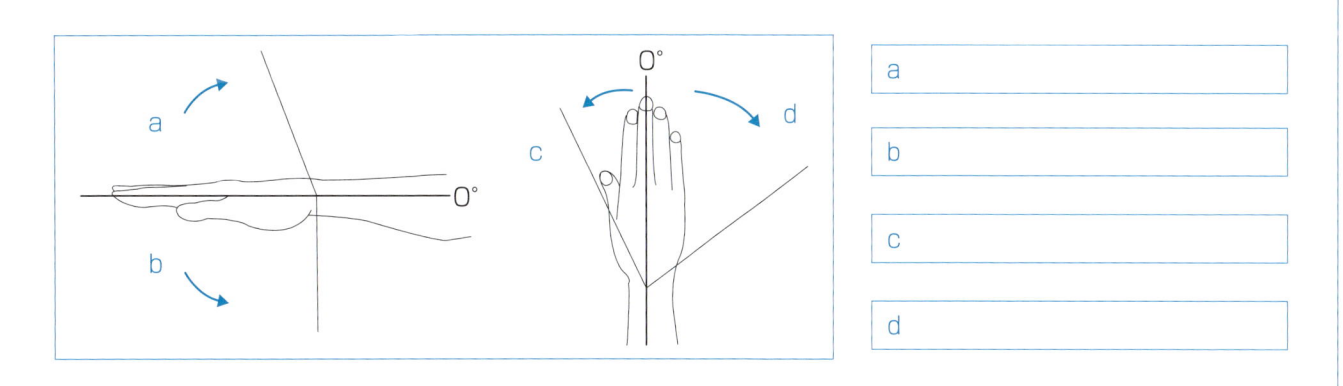

a
b
c
d

問18 手の骨格について，以下の図の①〜⑧に適切な語句を入れてみましょう． ▶❷ p.78 図Ⅱ-C-40

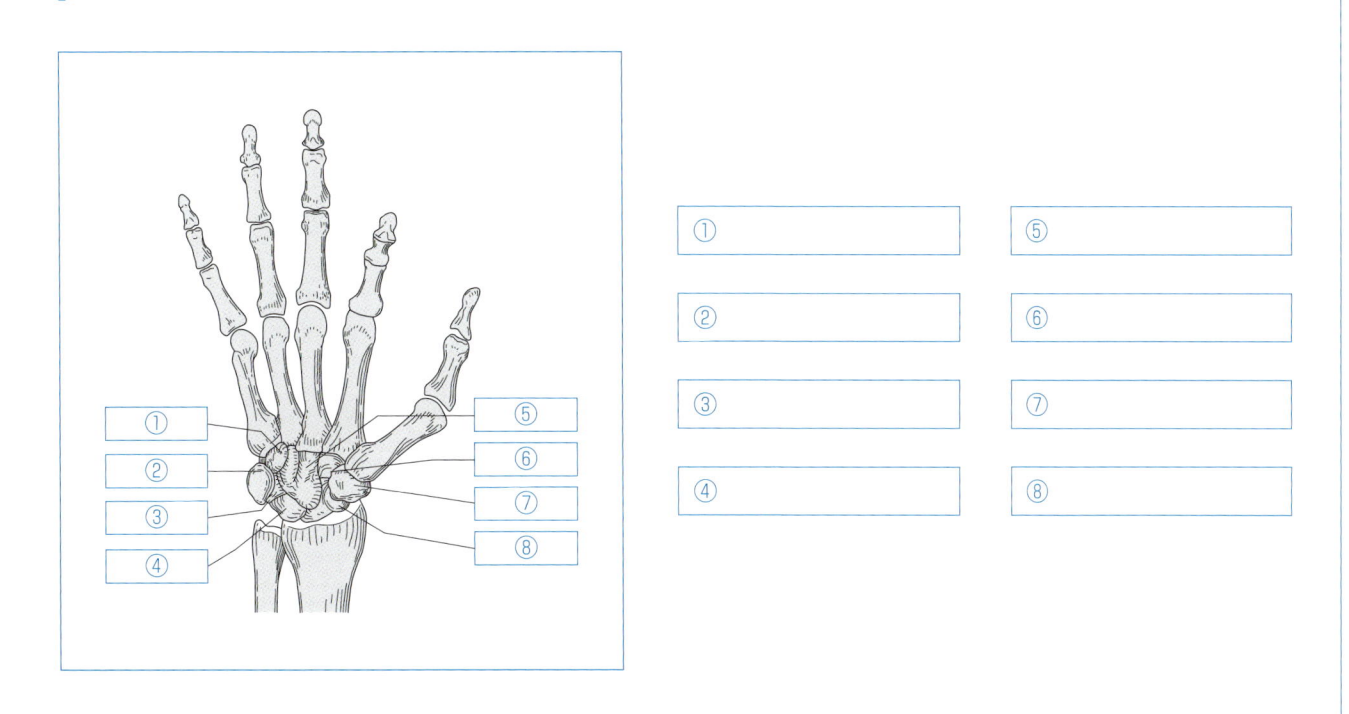

① ⑤
② ⑥
③ ⑦
④ ⑧

問 19 手関節捻挫に対するテーピングを行う際の注意点を，巻く手順に沿ってあげてみましょう．
▶ p.248-250

⚠ 注意点を確認しながら実際に巻いてみましょう．その際に気づいたことや難しいと思われる点をメモしておきましょう！

①アンカー

②Xサポートテープ

③アンカー

④評価

3 疲労回復を目的とした方法と実際

①スポーツマッサージ

STEP 1

問 1 スポーツマッサージについて，以下の _____ に適切な語句を入れてみましょう． ▶ p.254

1. スポーツマッサージとは基本的な _____ の _____ をスポーツの _____ を十分に考慮したうえで，スポーツ活動に役立てることを目的として活用するものである．

B. コンディショニングの方法と実際

問 2
マッサージを実施する際に使う手の部位の名称を書いてみましょう． ▶ p.256

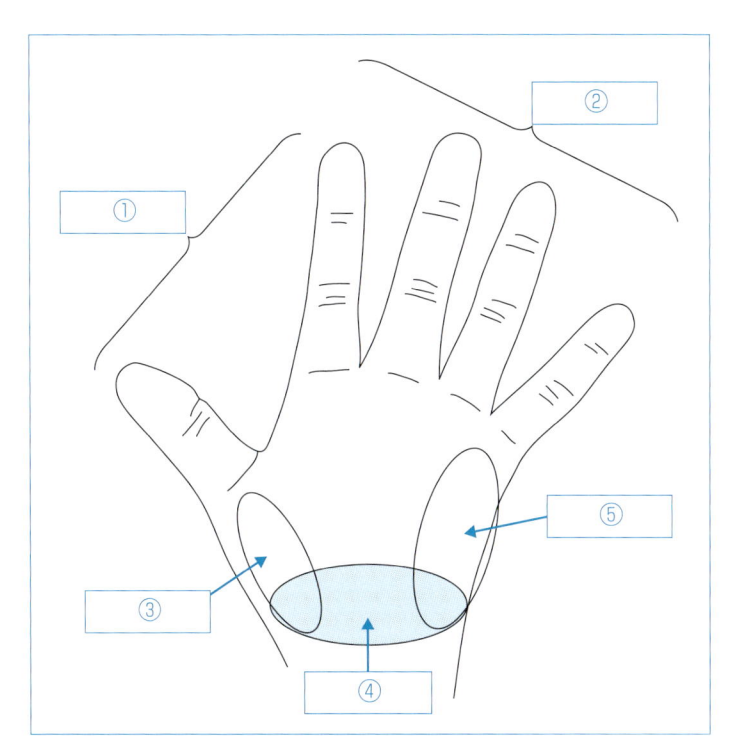

①
②
③
④
⑤

問 3
以下の写真のスポーツマッサージの手技は何か書いてみましょう． ▶ p.256-257

①
② 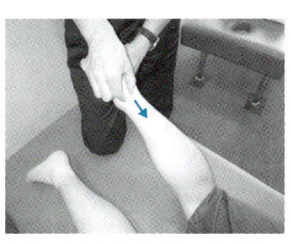
③ 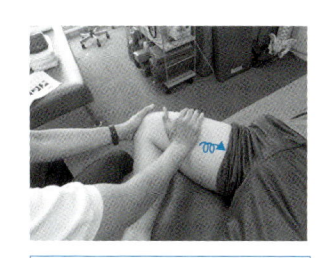
④ 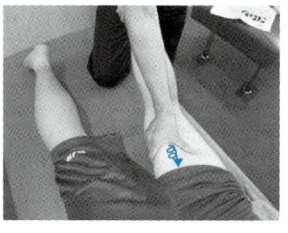

STEP 2

問 1
スポーツマッサージの目的を分類してみましょう． ▶ p.254

-
-
-
-
-

問2 スポーツマッサージ実施上のポイントを，以下の項目ごとにまとめてみましょう． ▶ p.254-255

競技特性の把握

マッサージを受ける人の身体の状況把握

マッサージを行う環境面

マッサージを受ける者，施術者への注意

マッサージに用いられる滑剤

マッサージの時間，刺激量

問3 スポーツマッサージの生理的作用には何がありますか，3つあげてみましょう． ▶ p.255

-
-
-

B. コンディショニングの方法と実際

問 4　スポーツマッサージの禁忌を3つあげてみましょう．　▶ p.255

-
-
-

問 5　スポーツマッサージの基本手技をあげ，それぞれ簡単に説明してみましょう．　▶ p.255-258

基本手技	説明
・	:
・	:
・	:
・	:
・	:
・	:
・	:
・	:

3. 疲労回復を目的とした方法と実際

②アイシング（クーリング）

STEP 2

問1 アイシング（クーリング）による疲労回復の理論的背景を，それぞれ整理してみましょう．
▶ p.259-261

神経伝達・伝導の阻害

代謝の抑制

代謝産物の処理

痛みの軽減

血管収縮とリバウンド

深部体温と全身疲労

慢性炎症に対する効果

局所冷却と全身冷却

問 2 アイシングをするうえでの禁忌，一般的な注意事項を上げてみましょう． ▶ p.261-263

-
-
-

-
-
-

STEP 3

問 1 あなたが日常アイシング（クーリング）を実施している場面とその方法を具体的に書いてみましょう．

-
-
-
-

問 2 アイスパック，アイスバスを実際に行い，何分後に無感覚（痛さ）より開放されましたか．

	時間	コメント
アイスパック	分後	
アイスバス	分後	

3．疲労回復を目的とした方法と実際　43

③アクアコンディショニング

STEP 1

問 1 アクアコンディショニングについて，以下の＿＿＿＿に適切な語句を入れてみましょう．
▶ p.266，268

1. 水中では，水を受ける＿＿＿＿が大きいほど，また動かす＿＿＿＿＿＿が速いほど水の抵抗が増すという力学的特性がある．

2. 水中では＿＿＿＿により無重力に近い状態を作り出すことができ，特に常に重力の影響で活動し続けている体重保持，姿勢維持にかかわる＿＿＿＿＿＿や姿勢保持筋のリラクセーションに有効である．

STEP 2

問 1 アクアコンディショニングとして，水を活用した身体機能の改善や疲労回復を行う際に深くかかわる水の物理的特性の代表的なものを4つあげ，それぞれの作用が身体に及ぼす影響についてまとめてみましょう． ▶ p.264-265

・＿＿＿＿＿：

・＿＿＿＿＿：

・＿＿＿＿＿：

| ・ | : |

問 2 水中での各水深ごとの荷重負荷の割合を記入しましょう． ▶ p.264-265

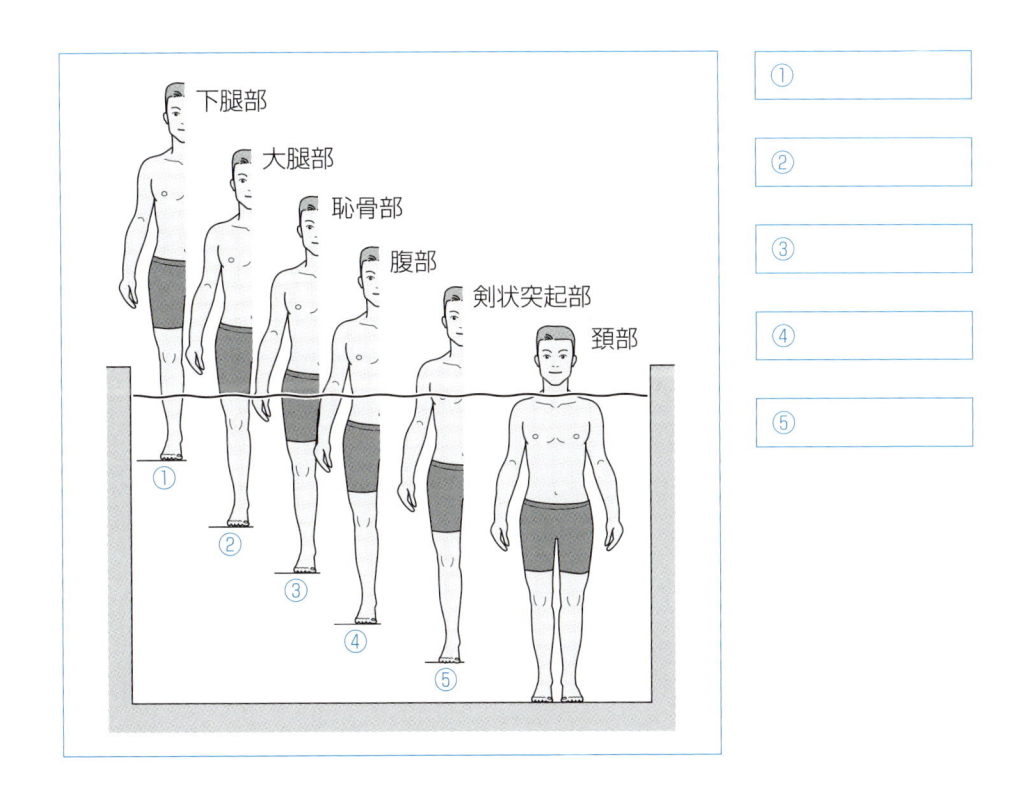

①
②
③
④
⑤

問 3 アクアコンディショニングを実施する条件を選択するうえで考慮すべきことをまとめてみましょう．
▶ p.268

水温

水深

STEP 3

問1 あなた自身が特に筋疲労を実感している日の入浴の際に，以下の実験を行ってみましょう．そのうえで①②④⑤のデータを比較して，その変化とアクアコンディショニングの効果を考えてみましょう．
▶ p.264-271

①立位体前屈テスト（床と指先又は手のひらとの距離を記録）を行う．

②腰背筋群とハムストリングスのストレッチングを10分間行い，再度①のテストを行う．

③入浴（※シャワーでなく湯ぶねに浸かること）する．浴槽の中で可能な範囲で腰背筋群とハムストリングスのストレッチングを行う．

④お風呂からあがった入浴直後に①のテストを行う．

⑤入浴後身体が温まった状態のうちに再度②と同じストレッチングを行い，その後①のテストを行う．

4 ウォーミングアップとクーリングダウンの方法と実際

STEP 1

問1 ウォーミングアップの種類と効果について，以下の _____ に適切な語句を入れてみましょう．
▶ p.272-277

1. ウォーミングアップには大きく分けると，パッシブとアクティブの2つの種類がある．パッシブなウォーミングアップで体温の上昇があっても，_____，特に筋肉を流れる _____ などには大きな変化はみられない．そのことから，パッシブなものだけでウォーミングアップを終了することは不十分である．よって，パッシブなウォーミングアップはあくまでもアクティブなウォーミングアップの _____ として考えるべきである．

問2 クーリングダウンの種類と効果について，以下の _____ に適切な語句を入れてみましょう．
▶ p.273-279

1. クーリングダウンにはアクティブなものと，パッシブなものの2種類ある．アクティブなものは，_____ を速く低下させ，疲労回復効果が認められる．そのため，疲労回復の目的から考えて，_____ なものを主に取り入れ，_____ なものは補助的なものと位置づけて取り入れることが望ましい．

STEP 2

問1
ウォーミングアップの目的には，外傷・障害の予防があります．その中で生理学的目的を4つと心理的目的を1つあげてみましょう． ▶ p.272

生理学的目的
-
-
-
-

心理的目的
-

問2
ウォーミングアップの効果について，その効果を3つあげてみましょう．また，その効果について簡単に解説してみましょう ▶ p.272-273

- ：

- ：

- ：

問3
クーリングダウンの効果について，その効果を4つあげてみましょう．また，その効果について簡単に解説してみましょう． ▶ p.274

- ：

- ：

・	:

・	:

5 フィットネス（基礎体力）チェック

STEP 1

問 1 フィットネス（基礎体力）のチェックについて，以下の_____に適切な語句を入れてみましょう．▶ p.280-288

1. アスリートの体力測定を行う目的は主に_____と_____であることが多い．具体的にはトレーニングの効果判定や_____を進めるうえでの_____の1つとして用いる．

2. 測定時の留意事項として，_____を明確にする，適切な_____を選択する，_____の高い測定をする，測定時の_____を明確にする，測定結果を_____し説明することが大切である．

3. 最大酸素摂取量を推定する測定方法として_____と_____が主に用いられている．

4. 大腿四頭筋の柔軟性低下を招くと，着地衝撃吸収の効率が悪くなり，_____や成長期に起こる_____の傷害発生の一要因としてあげられるため，傷害予防の観点から筋の柔軟性の測定は必要である．

STEP 2

問 1 各体力要素を測定するための測定項目を書き出してみましょう．▶ p.280-288

筋力		全身持久力	

筋持久力		柔軟性	

筋パワー

6 フィールド（専門体力）チェック

STEP 1

問 1
フィールド（専門体力）のチェックについて，以下の _____ に適切な語句を入れてみましょう．▶ p.289-294

1. 各競技者の競技力に関連した体力（専門体力）を評価することで，専門的体力における _____，_____ の確認，_____ のチェックなどに役立てる．

2. 指導者やアスレティックトレーナーは，_____ や _____ に応じて専門的体力も異なるため，目的に応じて _____ する必要がある．

3. アスレティックトレーナーは，選手のモチベーション向上をはかり，選手自身が自分のレベルや _____ を明確にするために，_____ や _____ を用意しておく必要がある．

4. サッカーやラグビー選手の有酸素能力をチェックするためには，走り続ける _____ よりも，走って休んでまた走るという繰り返しの動きである _____ のほうが競技特性を反映した測定項目であるとして用いることが多い．

STEP 2

問 1
各体力要素に関する測定項目を書き出してみましょう．▶ p.289-294

最大パワー

無酸素性持久力

有酸素持久力

間欠的持久力

アジリティ（敏捷性）

スピード

7 身体（組成）測定，柔軟性テスト

STEP 2

問 1 柔軟性のテスト方法について，それぞれ簡単にまとめてみましょう． ▶ p.300-302

腸腰筋のテスト

ハムストリングスのテスト

下腿三頭筋のテスト

STEP 3

問 1 皮下脂肪をキャリパーで計測したところ，上腕背部 7.5mm，肩甲骨下部 10.0mm，腹部 18.0mm でした．あなたの身長・体重の値を用いて，▶ p.296 の山本の方法で身体密度を算出し，Brozek らの算出式より％fat を計算したうえで，除脂肪体重（LBM）を求めてみましょう． ▶ p.295-296

問 2 長座体前屈の初期姿勢をとり，実際に前屈動作をやってみましょう．記録はとらなくてかまいませんが，実施する際の注意点を確認するようにしましょう． ▶ p.297-298

C 競技種目特性とコンディショニング

STEP 3

問 1 各項目に該当する競技をできるだけ多くあげてみましょう．重複しても構いません． ▶ p.303-365

冬季競技

記録系競技

球技系競技

採点系競技

格闘系競技

問 2 あなたが現在サポートしているスポーツ（競技）をあげ，そのコンディショニングについて，各項目ごとにまとめてみましょう． ▶ p.303-365

競技名

競技(種目)特性

体力要素

傷害の特徴

傷害の予防措置

体調管理

パフォーマンス発揮・向上のためのコンディショニング方法

トータルコンディショニングの際の注意事項

問3

あなたがサポートしたことのないスポーツ（競技）を1つあげ，そのコンディショニングについて，各項目をまとめてみましょう． ▶ p.303–365

競技(種目)特性

体力要素

傷害の特徴

傷害の予防措置

体調管理

パフォーマンス発揮・向上のためのコンディショニング方法

トータルコンディショニングの際の注意事項

解答編

A コンディショニングの把握と管理

1. コンディショニングとは

STEP 1

|問 1
①コーチング，②予防とコンディショニング，③リハビリテーション・アスリハ，④公認スポーツドクター，⑤公認 AT，⑥公認コーチ

STEP 2

|問 1
コンディション
ピークパフォーマンスの発揮に必要なすべての要因
コンディショニング
ピークパフォーマンスの発揮に必要なすべての要因をある目的に向かって望ましい状況に整えること＝競技スポーツにおいて設定した目標を達成するためのすべての準備プロセス
|問 2
・パフォーマンスの向上　・傷害の予防
|問 3
・身体的因子
筋力，柔軟性，関節不安定性，アライメント，身体組成，技術，免疫系指標など
・環境的因子
暑熱・寒冷環境，高所順化，時差対策，機内対策，食生活，用具・器具，施設など
・心因的因子
対人関係，ストレスなど
|問 4
・トレーニング　・物理的・化学的ストレス　・生理的ストレス　・生物学的ストレス　・精神的ストレス

2. コンディショニングの要素（把握と管理）

STEP 1

|問 1
1. 靴型　ラスト，2. 踵骨の最も後方の踵点　第 2 趾の付け根　長い，3. 第 1 中足骨頭　第 5 中足骨頭，4. ①オブリーク，②ラウンド，③スクエア　オブリーク，5. 競技力向上　下肢障害予防，6. 2　3，7. 大腿四頭　膝，8. 外転　外反　背屈　内旋　捻転　剪断，9. 中足趾節関節　変形
|問 2
1. スポーツメンタルトレーニング指導士，2. 逆 U 字　ヤーキンス・ドットソンの逆 U 字，3. 最適水準，4. リラクセーション　呼吸法　漸進的筋弛緩法　自律訓練法，5. サイキングアップ　不安　意欲，6. セルフトーク　成功のイメージ

STEP 2

|問 1
最大酸素摂取量
短時間内にどれだけの酸素を取り込むことができるかの指標
最大酸素負債
無酸素的なエネルギー産生能力の指標
血中乳酸
無酸素的エネルギー供給系解糖過程で生じる代謝産物．疲労の指標として用いられることが多い
乳酸性作業閾値
解糖系活動にて産生される乳酸の過剰蓄積を生まずに運動継続できる最大強度のこと
|問 2
・代謝系　・柔軟性（柔軟性・関節弛緩性）
・身体組成　・免疫系　・神経系　・技術系
・筋力系
|問 3
身体の関節には，十分な可動域と安定性の確保が同時に求められる．この 2 つの両立には関節の安定構造と適度な「あそび」が必要となる．この「あそび」が過剰であることが関節の不安定性につながる．不安定性が増すことにより，骨同士の接触，靱帯などの安定機構，さらには筋への負担が増加することが考えられる．また，動作の開始，ストップや方向変換など各運動遂行時にも重大な障害を引き起こす原因にもなりうる
|問 4
アライメントは身体の隣接する骨同士の配列状態をいい，先天的な変形に関連した異常と後天的なトレーニングなどによる異常がある．アライメントの異常は，筋・腱・靱帯や関節の接触面といった支持機構に多大な負担を強いる．そのため急性・慢性を問わず障害の原因として注視する必要がある．下肢の代表的な静的アライメントとして大腿と下腿の位置関係に関連した Q-angle，FTA，下腿と足部の位置関係に関連した leg-heel alignment があげられる
|問 5
Q-angle
上前腸骨棘と膝蓋骨中心を結んだ線と，膝蓋骨中心と脛骨粗面を結び，なす角を角度計などを使用し計測する
leg-heel alignment
下腿後方より，下腿遠位 1/3（アキレス腱）長軸線と踵骨の縦軸線の交わる点を軸心として角度計を当て，2 つの長軸線がなす角度を計測する
|問 6
筋量：運動能力の向上を伴う体重増加は，出力源である筋の増加を伴うことが多い．体重による階級制種目での減量の場合，筋量を減少させず望ましい体組成で減少させることが重要となる
|問 7
免疫系機能は，軽い運動により活動が賦活され，過剰な運動により制限を受けることが知られている．運動群と非運動群では運動群のほうが免疫系の活性が高いという報告がある．運動を始めてから感染症にかかりにくくなる，また激しい運動の後に上気道感染が増えたなど運動と免疫系機能のかかわりが深いことがわかる
|問 8
バランス能力：静止立位で重心動揺計を用い，重心動揺距離や重心動揺面を計測し定量的な指標として用いる．また，現場での簡便な方法として片脚立位での持続時間が用いられる
神経筋の協調性：聴覚刺激や視覚刺激に対する全身反応時間は神経系による情報処理過程と，筋肉の運動立ち上がりの協調を所要時間で測るものである．正確な計測のために特殊な計測器が必要となる一方，単純な筋力測定項目を用い神経系の状態（覚醒度・集中度）を評価することもある
神経筋の疲労：自律神経系の状態を反映する安静時心拍（交感神経の緊張に関連）は慢性的な疲労時に増加する傾向があり，オーバートレーニングの指標となる
|問 9
・適合性　・衝撃緩衝性　・安定性　・屈曲性
|問 10
スポーツは身体にさまざまな負荷をかけている．シューズは足と地面との間に位置し競技力向上，下肢障害予防の観点において重要な役割を担っている．適合性，衝撃緩衝性，安定性，屈曲性といった機能を考慮した種目特性，使用状況に応じた適切なシューズを選択し，履くことはコンディショニングにおいて必要なことである
|問 11
・通気　・吸汗性　・速乾性　・軽量性　・保温性　・撥水性　・伸縮性
|問 12
春夏
体温上昇に対して通気性・吸汗性を重視し，汗を素早く逃がしウェア内に熱をこもらせず，汗を素早く吸い取りウェア内の肌のべたつきを軽減し，気化熱による体温の上昇を抑えられる透湿性能を促すことができるデザインが求められる．また，直射日光，UV 対応機能も望まれる
秋冬
適度な保温性を維持しつつ動きを妨げず，本体の素材に撥水性があり，中綿，裏地に保温機能をもち，上着・パンツともに体に沿った適度なゆとりのあるシルエットが求められる．また冬場，特に視認性が低くなる際のために反射機能のある生地などを使用したものも事故を少なくする工夫である
|問 13
用具
スポーツやトレーニングなどで用いられるもの
道具
競技ルールによって指定されているもの．形状などに許容範囲があり競技者の体力や技術によって選択できる
防具
身体を外傷や障害から守るために競技ルールで指定されたもの
|問 14
・各部位にしっかりと適合しているものを選択する　・防具本来の目的をよく理解したうえで，正しく装着する　・定期的に防具の状態を点検し，不良箇所があればすぐに修理するか，交換する　・定期的にフィット状態をチェックし，フィットしていない場合は調整する　・防具の多くは汗によって不潔になりやすく，皮膚病の原因となるため，使用後は風通しのよいところに保管する

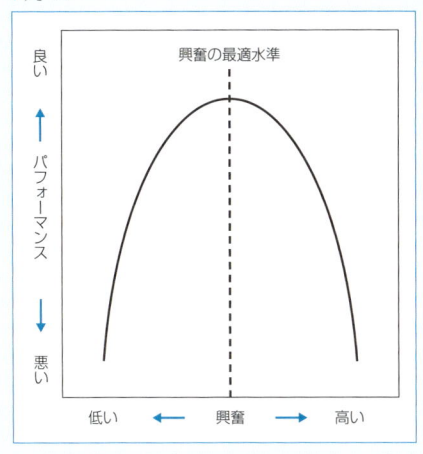

問15

(グラフ：興奮の最適水準を示す逆U字曲線。縦軸：パフォーマンス 良い↑↓悪い、横軸：低い←興奮→高い)

問16
ウエイトリフティング，ラグビー，フットボール，柔道 など

問17
射撃，弓道，アーチェリー など

問18
実力発揮を妨げる原因の1つであり，失敗することを恐れる思考法を「マイナス思考」という．失敗することを恐れる不安は，興奮水準を高めてしまうだけでなく，失敗のイメージを持って行動してしまうことが多くなる

3．評価法

STEP 1
問1
1. ○，2. ×，3. ×，4. ×，5. ○
問2
1. 身体的　環境的　心因的，2. 筋肥大　体脂肪，3. タイトネス　練習　前日，4. 多く，5. 自己の能力　目標　回復程度，6. WGBT　気温　湿度，7. POMS　オーバートレーニング
問3
1. 簡便な，2. アスレティックトレーナー　コーチ，3. 医師，4. トレーニング　フィールドテスト

STEP 2
問1
直接的方法
利点
正確性や信頼性に優れている
欠点
測定装置や設備の使用に制約がある
間接的方法
利点
簡便である
欠点
精度が劣る
問2
・競技者やチームの目標，戦略・戦術を理解する　・コンディショニングの方法とプロセスを明確にする　・必要なコンテンツを揃える　・人的資源の活用やリスクマネジメント体制を検討する　・競技者やチームにコンディショニングの重要性を十分に理解してもらう

4．トレーニング計画とコンディショニング

STEP 1
問1
1. 休息　超回復，2. オーバートレーニング症候群，3. ATP-PCr，4. 枯渇　クレアチンリン酸，5. 有酸素能力　毛細血管，6. アイソメトリックトレーニング，7. 短縮性（求心性）　伸張性（遠心性），8. Type II　Type I，9. 段階的　漸進性，10. 全面性　ハムストリング，11. 神経系　プレゴールデンエイジ，12. 試合期　専門的体力，13. 高重量　少なく，14. 最大のスピード，15. スピード要素　スピード，16. 0.6　0.8，17. プライオメトリクス　爆発的，18. 成長期，19. 膝関節　肩関節，20. long slow distance　ゆっくり，21. 乳酸性作業閾値，22. ファルトレクトレーニング　スピード，23. コアエクササイズ　大筋群，24. 自覚的運動強度　14　16

STEP 2
問1
①ST，②SO，③高い力発揮はできない．持久的能力がある，④FOG，⑤FTa，⑥高いパワー発揮ができる．持久的能力も持つ，⑦FG，⑧FTb，⑨高いパワー発揮ができる．持久的能力はない
問2
メリット
・どの角度でも自発的に最大収縮を行うことができる　・速度を任意に選択してできる
・安全に筋力測定ができる　・リハビリテーションなどの復帰の目安がわかりやすい
デメリット
・器具が非常に高価である　・測定のセッティングに時間がかかる　・速度特異性がある　・単関節筋の測定となる
問3
①マクロサイクル，②長期的なプログラムサイクル．通常1年のサイクル．オリンピックなどでは4年間サイクルとする，③メゾサイクル，④一般的に，数ヵ月から数週間のサイクル．マクロサイクルはいくつかのメゾサイクルによって分割される，⑤ミクロサイクル，⑥通常1週間のサイクル．メゾサイクルはいくつかのミクロサイクルによって分割される．プログラムによっては数週間にわたるものもある
問4
①オフシーズン，②筋肥大／持久力，基礎筋力，筋力／パワーの強化を段階的に行う．主に基礎体力の改善が主な内容になる，③プレシーズン，④専門的体力の改善が主な内容となる．また，インシーズンへ向けての調整も含まれる，⑤インシーズン，⑥試合へ向けての調整が主な内容となる，⑦ポストシーズン，⑧積極的休息により心身の回復を図る
問5
・パワートレーニング→コアトレーニング→補助トレーニング　・大筋群→小筋群　・複合関節運動→単関節運動　・瞬発系→持久系　・上半身⇔下半身

問6
①主導筋と拮抗筋を交互に行う方法，②バイセップスカール⇔トライセップスカールなど，③同じ筋群を刺激する2種類のエクササイズを連続して行う方法，④バイセップスカール⇔ハンマーカールなど

B　コンディショニングの方法と実際

1．競技力（パフォーマンス）向上を目的としたコンディショニングの方法と実際

STEP 1
問1
1. 骨盤
問2
1. PCr（クレアチンリン酸），2. グルコース　グリコーゲン　乳酸，3. 酸素　ATP再合成
問3
1. 動作を開始するまでの時間　ダッシュ力，2. 主働筋　拮抗筋　相反神経支配，3. 接地時間　股関節伸展力　股関節屈曲力
問4
1. 呼吸循環器　最大酸素摂取量　無酸素性作業域値，2. 無酸素性作業閾値　乳酸　緩衝，3. 持続トレーニング　インターバルトレーニング，4. インターバルトレーニング　有酸素エネルギー供給系　スピード持続，5. 大きなパワー　スピードを発揮する能力，6. 滞空時間　重心　方向転換
問5
1. 総合的，2. 一般的　専門的，3. 専門的体力　専門的体力，4. 6　15　同じ部位，5. 最高回数　半分，6. 筋持久力　全身持久力　筋力　パワー，7. 動作を正確　関節可動域，8. 相反性神経支配，9. 受傷部位，10. 負荷の見直し

STEP 2
問1
相撲・ラグビー
筋肥大
サッカー・バレーボール
筋肥大よりも最大筋力やパワーの改善
陸上長距離
・ケガの予防やランニング効率の改善　・筋持久力の強化
問2
・定位能力：相手や味方との距離感を正確につかむなどの，空間認知能力
・変換能力：状況の変化に応じて動作を的確に素早く切り替えることのできる能力
・連結能力：身体の各部位を無駄なく同調させる能力
・反応能力：合図に対して素早く反応する能力
・識別能力（分化能力ともいう）：手足や道具を適切に操作する能力
・リズム能力（リズム化能力ともいう）：リズムを合わせる，またはリズムを崩す能力
・バランス能力：バランスを保持，または崩れたバランスを回復する能力

2．傷害予防を目的としたコンディショニングの方法と実際

①ストレッチング
▶STEP 2
|問1
・コンディショニング　・リハビリテーション　・傷害予防
|問2
伸張反射
筋が過度に伸長されると，筋の中の筋紡錘が働き，筋がそれ以上伸張して傷害を起こさないように反射的にその筋を収縮させる
相反性神経支配
主働筋が収縮しているとき，その拮抗筋は弛緩し，運動がスムーズに行えるように働く神経支配を相反性神経支配という
|問3
スタティックストレッチング
伸張反射が起きにくく筋肉痛になりにくいので，安全に柔軟性改善効果が得られる．方法が簡便で，1人で実施できる．全身にわたり実施するにはある程度の時間が必要．単一方向のみの伸展にとどまりやすい
徒手抵抗ストレッチング
大きなストレッチング効果（可動域の拡大）が短時間で得られ，単一関節または複合関節にも適応できる．徒手抵抗ストレッチングに熟練したパートナーが必要
ダイナミックストレッチング
筋肉の弾性力（伸縮範囲の大きさ）を高める積極的な柔軟性トレーニングとしての効果が大きい．その一方で，効果的に行うには実施者が伸張運動を理解し，正確な動作が必要で，不適切な方法では伸張反射を引き起こしやすい
バリスティックストレッチング
各競技種目の動作に合わせたストレッチングが行いやすく，パフォーマンスの向上に向けて伸張反射を有効に引き出せる．一方，急激な伸張や誤った方法によっては，筋線維の微細損傷や痛み，伸張反射による可動域の低下の可能性がある
|問4
ウォーミングアップ
スタティックストレッチングだけでなく，動きや力発揮を伴ったダイナミックストレッチング，バリスティックストレッチング，徒手抵抗ストレッチングなども取り入れて行うとより効果的である
軽度の筋損傷や疲労性の疼痛
関節可動域や筋柔軟性の改善がスタティックストレッチングでは期待できない場合には，徒手抵抗ストレッチング（アイソメトリック法）を用いると効果的である
力発揮や動き
力発揮や動きの伴ったストレッチングを行うと動的可動性の拡大，筋柔軟性の改善のみならず，ウォーミングアップ効果も期待できる
クーリングダウン
伸張反射を起こさないスタティックストレッチングが良いが，徒手抵抗ストレッチング（アイソメトリック法）なども有効である
|問5
・競技者の身体的特徴の把握　・時間的環境の整備　・外的環境条件への配慮　・トレーニング内容の把握　・教育・啓発

②テーピング
▶STEP 2
|問1
・外傷の予防：スポーツ外傷を未然に防ぐことを目的とする．主にコンディショニングでは，予防することの難しい足関節，手関節，手指に対して行われる
・再発予防：外傷の前歴がある部位に対して，その再発を防止することを目的としている．ただし，テーピングのみに頼るのではなく，治療，リコンディショニングをしっかりと行っておくことが重要である
・応急処置：外傷の受傷直後の患部の安静を目的とする．この目的のテーピングでは，循環傷害を避けるために，一部を開放しておく必要がある
|問2
・関節の特定の動きを任意に制限する　・圧迫を加える　・痛みを和らげる　・精神的な助けとなる
|問3
・正確な評価：再発予防を目的としてテーピングを行う際の大前提である．外傷・障害の重症度，回復状態によってテーピングを実施できる時期，テーピングの強さ・固定力が異なるので，これらの確認も大切である
・腫れの有無：腫れのある部分あるいは腫れの可能性が予想される部位に行うテーピングは，基本的には応急処置を目的としたものとし，必ず一部を開放した形で行う
・循環障害，筋腱障害：アンカーテープやスパイラルテープを無造作に巻いてしまうと，循環障害，筋腱障害を引き起こすことがある．このため，これらのテーピングを行う際には，筋腱を緊張させるか，あるいは巻く強さを加減する必要がある
・神経障害：正しく行えば神経障害を起こすことはないが，膝関節では腓骨神経，肘関節では尺骨神経に強い圧迫が加わらないように注意する
・適用時間：予防，再発予防では3〜4時間を限度とする．救急処置では安静を前提として3日前後を適用時間の限度とする
・テーピングの方法：回復状態，スポーツの種類，ポジション，競技者からの要望などに応じてテーピングの方法，強度などを適宜変更する
|問4
①内側楔状骨，②舟状骨，③距骨，④踵骨，⑤第1中足骨
|問5
①肢位
テーブルの端から足関節を出し，足関節を中間位（0°）あるいはやや底屈に保持させる
②足部アンカー
・母趾球と小趾球をつなぐように貼り，足背部は5cmほど開けておく　・強く引っ張りすぎて足底部にしわが寄らないように注意する
③縦サポート
・アキレス腱上にかからないように注意する
・足底全体を覆うようにする．通常5本行うが，足の大きさにより本数は変える
④水平サポート
土踏まずの始まるあたりから足趾に向かって，均等に力が加わるように貼る
⑤足背部アンカー
足部に体重をかけ，十分に足の広がりをもたせた状態で貼る
⑥評価
・荷重時にアーチの落ち込みが抑えられているか確認する　・荷重時に足部が締めつけられるような違和感や，足関節底屈・背屈時の踵部後方の違和感がないか確認する
|問6
①前下脛腓靱帯，②前距腓靱帯，③後距腓靱帯，④踵腓靱帯
|問7
a 背屈，b 底屈，c 外返し，d 内返し
|問8
①肢位
テーブルの端から足関節を出し，足関節を中間位（0°）に保持させる
②アンカー
・下腿部のアンカーは腓腹筋にかからないように貼る　・足部のアンカーは足部中央に行う．その際，強く締め付けすぎないように注意する
③スターアップ
・内返し捻挫に対するスターアップは下腿内側から外側に引っ張り上げるが，外返し捻挫の場合は，足底を中心に内側，外側均等に上方に引き上げる　・第5中足骨端部にかからないように注意する
④ホースシュー
・スターアップに横方向の圧迫を加え，そのずれを抑えるテープである　・アキレス腱部の湾曲に合わせて，たるみ，食い込みのないように少し斜めに貼る　・応急処置のテーピングでは，下腿前面，足関節前面，足背部を開放しておく
⑤サーキュラー
内果，外果を越えたあたりから始め，下腿部の形状に合わせて貼る
⑥ヒールロック
・踵骨の側方への動きを抑える目的で行い，内外側均等に行う　・アキレス腱上では内外側対称に横切るようにし，不均一に強い圧迫が加わらないようにする　・踵の横を通る際に踵から離れすぎないように注意する
⑦フィギィアエイト
・足関節前面を中心に数字の「8」を描くように行う　・足底でテープが斜めにならないようにする　・アキレス腱に対して不均一に強い圧迫が加わらないように注意する　・内返し捻挫に対しては，外果の少し上から始め，外返し捻挫に対しては内果の少し上から始める
⑧評価
終了後，内返し，外返しの目的とする動きがしっかり制限されていることを確認する
|問9
①肢位
どの程度背屈を制限するかによって足関節角度は変わるが，基本的には底屈位とする
②アンカー
・下腿部のアンカーを貼る目安は，おむね下腿筋腱移行部付近とする．損傷部の位置，競技者の希望により調節する．特に下腿筋腱移行部付近の損傷に対してテーピングを行う場

合は，下腿周径の最大部付近とする．足底中央にもアンカーを貼る．アンカーを貼る際は，必ず筋肉を緊張させる
③サポートテープ
・Xサポートテープと縦サポートテープを行う．Xサポートテープは通常アキレス腱部で交差させる．交差のポイントは損傷部の位置，競技者の希望により調整する．足関節背屈制限の程度は，テーピング時の足関節の角度とサポートテープの引っ張り具合によって調節する
④ラッピングテープ
テープのずれを抑えるために，テーピングの上からハンディカット伸縮テープを巻く．この際，踵部先端にテープを巻くことにより，しっかりと背屈制限することができる
⑤評価
終了後，その効果を確認する．足関節の背屈が制限されているか確認する

| 問10
①外側上顆，②前十字靱帯，③外側側副靱帯，④内側上顆，⑤後十字靱帯，⑥内側側副靱帯

| 問11
1. 靱帯　半月板，2. 大腿四頭　捻り

| 問12
①肢位
膝関節軽度屈曲位
②アンカー
・大腿部のアンカーは，大腿部の長さのほぼ中央か，できれば中央よりやや股関節寄りに行う．下腿部のアンカーは，下腿周径の最大部分に行う．それぞれのアンカーを行う際には，そのつど筋の緊張を指示する．最後のアンカーは最低限1本ずつ，できれば大腿部に3本前後，下腿部に2本行うとテープのずれを抑えることができる
③X・縦サポートテープ
・主な目的は下腿の内反，外反制限である．3本のテープの交点は，通常靱帯上で，かつ関節裂隙上とする．3本のテープを1セットとして，必要に応じてこれを2〜5セット行う．繰り返し行う場合は，交点を変えずに開始位置と終了位置を少しずつ変え扇形に貼る．すべてのテープが膝蓋骨にかからないようにする
④スパイラルテープ
・主な目的は，下腿の内旋，外旋の制限である．通常，極端な一方向への回旋位での固定を避けるために，内旋，外旋両方向へのスパイラルを行う．必要に応じて2〜5セット行う．その場合，スパイラルテープはほぼ同じ位置に行う．下腿前面，大腿前面を横切るように行い，必ず膝窩部で交差させる．スパイラルテープを行う際は，必ずしっかりと荷重させる
⑤斜め方向サポートテープ（前十字靱帯損傷の場合）
・脛骨上端の前方への動揺を抑えることを目的とする．必ず下腿前面を横切るように貼る
⑥スプリットテープ
・knee-in toe-outを制限する目的と，膝関節部のサポートテープのずれを防ぐ目的がある．膝蓋骨にテープがかからないようにする

⑦評価
終了後，その効果を確認する．例えば，内側側副靱帯に対するテーピングでは，下腿の外旋，外反が制限されていることを確認する

| 問13
a 屈曲，b 伸展，c 外転，d 内転，e 外旋，f 内旋

| 問14
①肢位
肩関節内転，内旋位
②アンカー
上腕部アンカーは上腕中央に巻き，必ず筋肉を緊張させて行う．胸部アンカーは反対側の胸部に貼る
③スパイラルテープ
・肩関節の外転・外旋を制限することを目的に行う．上腕後部あるいは側部から始め，内側部を通り，上方に引っ張る．そして，1本は肩関節よりやや下方を通り，反対側のアンカーまでしっかりと引っ張りながら行う．2〜4本行うが，このうち最低1本は肩関節前面を押さえるように行う．スパイラルを貼る際は，上腕部の筋肉を緊張させるようにする
④アンカー
上腕部および反対側の胸部にアンカーを貼る
⑤評価
終了後，その効果を確認する．肩関節外転，外旋が制限されているか確認する

| 問15
①前斜走靱帯，②後斜走靱帯，③横斜走靱帯，④輪状靱帯，⑤副（側副）靱帯

| 問16
①肢位
・肘関節軽度屈曲位．過伸展捻挫のテーピングの場合は，制限の程度により関節角度を調整する
②アンカー
・上腕部のアンカーは，上腕部のほぼ中央に行う．前腕部アンカーは，上腕部のアンカーから肘窩部までの間隔とほぼ同じ距離だけ離したところに行う．アンカーを行う際は，必ず筋肉を緊張させる
③X・縦サポートテープ
・MCL損傷のテーピングでは，Xサポートテープは内側側副靱帯上で，関節裂隙上に交点がくるようにする．2セットから4セット繰り返す．過伸展捻挫に対するテーピングでは，縦方向のサポートとXサポートの交点は肘窩部とする
④ラッピングテープ
テープのずれを抑えるために，テーピングの上から伸縮包帯あるいはハンディカット伸縮テープを巻いておくとよい．その際，肘頭はあけて全体をテープの隙間がないように覆うようにする
⑤評価
終了後，その効果を確認する．例えば，内側側副靱帯に対するテーピングでは，外反制限されていることを確認する

| 問17
a 背屈，b 掌屈，c 橈屈，d 尺屈

| 問18
①有鉤骨，②豆状骨，③三角骨，④月状骨，⑤有頭骨，⑥小菱形骨，⑦大菱形骨，⑧舟状骨

| 問19
①アンカー
・手部にアンカーを行う際には，必ず手をいっぱいに広げさせる．また，中手指関節（MP関節）にかからないように注意する
・前腕部アンカーは，手をいっぱいに広げさせるとともに，手関節をわずかに背屈させて手関節周辺の腱を緊張させる
②Xサポートテープ
・縦方向のサポートテープは関節上で交差させる．動きの制限の程度は，テーピングする際の手関節の角度およびサポートテープを引っ張る強さで調整する．捻挫の種類，制限したい動きに応じてサポートテープを貼る位置を変える
③アンカー
最初と同様に，アンカーを行う
④評価
終了後，その効果を確認する．目的とする手関節の制限ができているか確認する．例えば，Xサポートテープを掌側に貼った場合は，背屈制限できているか確認する

3. 疲労回復を目的とした方法と実際

①スポーツマッサージ
▶ STEP 1
| 問1
1. マッサージ　手技　特殊性
| 問2
①二指，②四指，③母指球，④手根，⑤小指球
| 問3
①手掌揉捏，②二指軽擦，③手根揉捏，④把握揉捏

▶ STEP 2
| 問1
・疲労回復・ウォーミングアップの補助・パフォーマンスの向上（コンディショニング）・競技間（インターバル）・スポーツ傷害の治療
| 問2
競技特性の把握
競技種目により，よく使う筋肉や疲労しやすい部位は異なる．有酸素系や無酸素系という運動形態によって手法を変える必要がある．ボールゲームのハーフタイム時は，限られた時間内で効率よく疲労回復や筋緊張の調整を図る
マッサージを受ける人の身体の状況把握
マッサージを行う前に，関節可動域，筋の柔軟性，硬さを確認し，手技，刺激量を決定する．またマッサージ後にも同様の確認をすることにより，効果を評価することも可能である
マッサージを行う環境面
室内で行うのが望ましい．室温は20〜25℃とし季節に応じて配慮する．室外で行う場合はタオル，毛布などで保温に留意する．夏季は木陰などで直射日光を避ける．ベッドは柔らかすぎず，カバーなど衛生面に気をつける．原則的にマッサージは直接皮膚に対して行うが，状況に応じてタオルや着衣の上から行うこともある．マッサージを行う室内は清潔で，明るく，リラックスでき，換

気も十分でなければならない

マッサージを受ける者，施術者への注意
マッサージを受ける者は，マッサージ前に用便を済ませ，身体を清潔にし衛生面に気をつける．施術者は，手指の洗浄・消毒をし，爪を短く切り，指輪などの装飾品ははずす．手の温度に気をつけ不快感を与えないようする．関節部，皮下に骨を触れる部位には，強い手技は避け十分注意する

マッサージに用いられる滑剤
皮膚との摩擦を軽減し，手指をスムーズに動かすために滑材を使用する．
・乾性：ベビーパウダー，タルク
・湿性：オイル，ローション，オリーブ油
治療マッサージの場合は消炎鎮痛薬を使用する場合もある

マッサージの時間，刺激量
局所で5～10分，全身で40～60分程度が好ましい．マッサージの時間が長すぎ，刺激が強すぎると「もみかえし」といい，マッサージ後や翌日に痛みを訴えることもある．刺激量や状況を十分に考慮する

|問3
・皮膚に対する作用，・筋肉に対する作用，・神経に対する作用

|問4
・外傷の受傷直後，・伝染性疾患，感染症がある場合，・皮膚疾患の場合

|問5
・軽擦法：マッサージの最初と最後に行い，関節から関節まで，筋の起始部から停止部までの筋の走行に沿って約5～6kgの圧力をかけながら行う
・揉捏法：対象となる部位に少し圧力を加えながら輪状もしくは楕円状につかんでもむ方法である．筋肉中の血液を絞り出すような要領で筋線維に対して平行に行うが，母指揉捏の場合，筋線維と直角に行うこともある
・強擦法：外傷などで病的な滲出液がたまり，関節包や靱帯が硬くなった部位の腫脹を軽減させ組織の癒着を剥離させる目的で母指の尖端で強く押し，もみ，こねの方法で行う．スポーツマッサージよりも医療マッサージに使用する方法である
・叩打法：手のいろいろな部分で筋肉をリズミカルに叩く手技である．叩くスピードは2～5回/秒で，マッサージの最後に用いられるほか，競技前など神経を興奮させる目的で使用する場合がある
・振戦法：上肢や下肢の先端を持ち脱力させ，細かく振り動かし組織に振動刺激を与える方法である
・圧迫法：母指や手掌などで局所を垂直に圧迫する方法で，神経の興奮を鎮静させ，疼痛を除去し，けいれんを抑える効果がある．1カ所を3～5秒間持続する持続圧迫法と，1秒間隔で押す間欠圧迫法がある
・伸展法：対象とする筋を伸ばす方法で，いわゆるパートナーストレッチである．筋や関節の柔軟性を高めマッサージ効果を確認するために用いる
・運動法：傷害の回復過程期や復帰後の予防として使う関節を動かす方法で，厳密にはリハビリテーションの領域になる

②アイシング（クーリング）
■ STEP 2
|問1
神経伝達・伝導の阻害
神経は組織の温度低下に伴い，刺激に対する反応の閾値が高くなり伝導が悪くなる．冷却による神経の伝導・伝達阻害は，筋の収縮を抑制し，痛みの中枢への伝わりも抑制する．冷却は疼痛をコントロールする作用がある

代謝の抑制
人体のエネルギー代謝にかかわる酵素が正常に機能するためには至適な温度域がある．筋への冷却は，筋内酵素の活性が下がることで代謝を抑制し，余分なエネルギー消費や代謝産物の産生を抑える．また，細胞破壊にかかわる酵素活性も下げることから過剰な炎症を抑え，組織の破壊を防ぐ作用が期待される

代謝産物の処理
代謝産物の処理には，活動筋内での分解，全身の血流に流し全身での緩衝，代謝という局面がある．運動後，運動間の冷却にはエネルギー産生に伴う疲労物質の抑制する効果とともに活動後の筋内の過剰な血流配分を抑え中枢血流の確保に対する効果がある．一方，冷却対象の筋代謝は抑制され代謝物質の代謝にはマイナスの可能性もある

痛みの軽減
筋や周辺組織の痛み刺激は，細胞の物理的損傷や疲労物質が関与していると考えられ，痛み-緊張サイクル（pain-spasm cycle）のように筋の過剰緊張につながる．冷却は，神経の知覚伝達を阻害するとともに筋収縮も抑制することから，痛みと緊張の双方に影響しこのサイクルをコントロールする方法として適している

血管収縮とリバウンド
血管は冷却により局所要因および神経系のコントロールにより収縮する．血管収縮により支配領域の血流を減少させる．同時に血管の透過性が低くなり血漿成分の滲出を抑制することから浮腫を抑える

深部体温と全身疲労
暑熱環境下での運動は，活動筋のみならず全身の体温を上昇させる．深部体温の上昇は疲労感と深いかかわりがあると報告されている．適正な範囲に局所筋，全身温度を保持することで心身の負担を軽減するコンディショニングの手法であるという認識が必要である

慢性炎症に対する効果
慢性的局所炎症障害に対し，組織温の十分な回復を待たずに頻回の冷却や，長すぎる冷却時間は，組織への血流回復の機会を失うことにつながる．組織の修復に不可欠な炎症や血流を過剰に阻害することは避ける

局所冷却と全身冷却
体温上昇が全身疲労を生んでいる場合は，広範囲の冷却や動脈の表在する部位を冷却する．局所の疲労の場合は，その部位に対する冷却を行う

|問2
・血行障害　・凍傷　・低体温　・寒冷刺激に対する過敏症　・睡眠中の冷却　・協調を必要とする運動の前

③アクアコンディショニング
■ STEP 1
|問1
1. 面積　スピード，2. 浮力　抗重力筋
■ STEP 2
|問1
・浮力：人は日常生活において無意識のうちに重力に対抗しさまざまな負荷（ストレス）を受け生活をしている．浮力はそのようなストレス状態から一時的に開放し，身体の負荷を軽減させる働きを持つ．また浮力は水深により変化し，身体の浸水部位によりどの程度体重が軽減されるかがわかる．水中では体重が軽くなり荷重ストレスが低下し，運動による身体への衝撃が軽減されることに加え，水の粘性抵抗も加わり運動時の加速および重力による慣性が働きにくくなる．このことより，ランニング時などの地面反力，関節運動時の過伸展防止，運動の切り換え，制動時の伸張ストレスが少なくなる
・水圧：水中では身体に水圧がかかり，それは水深が深くなるにつれて増していく．水圧により皮膚表面の静脈が圧迫され血液循環促進の効果がある．特に静脈血は疲労物質を多く含むことから，疲労回復効果が期待される
・抵抗（粘性）：水は空気の800倍もの抵抗（粘性）があり，水中では負荷抵抗のため動作はゆっくりとなる．また動作を早くするほど負荷が大きくなる．この水の粘性抵抗は陸上での運動と違って重力加速度を伴った反動や衝撃を受けにくいため，比較的安全に運動を行うことができる
・熱伝導効果：水の電導率は空気の23倍であり，冷水では直ちに体温が奪われ，温水ではすぐに体温が上昇する．激しい運動時には低い水温が適しており，リラクセーションを目的とする場合は低温は適さない

|問2
① 100 %，② 90 %，③ 80 %，④ 50～60%，⑤ 30%

|問3
水温
一般のプールでは28～30℃，競泳用プールでは激しい運動のため26℃前後に設定されている．リラクセーション，リハビリテーション実施には体温が低下しないような不感温度36℃前後に設定される．不感温度では体温が奪われず副交感神経の働きが優位になり，筋のリラクセーションがより得られる．風呂や温泉では40℃前後に設定されており，42℃を超えると交感神経の働きが優位になりリラクセーション効果が低下する．水温が28℃に達していれば軽度な運動をすることで体温の低下はみられないという報告がある
水深
一般のプールは1.1～1.3mの深さとなっており，水深が深くなるにつれ身体に対する水圧が高くなることから，特に下肢の疲労回復効果を高めるために深いところに移動して行うなどの工夫するとよい

4. ウォーミングアップとクーリングダウンの方法と実際

▼ STEP 1
|問 1
1. 呼吸循環系　血液量　補助
|問 2
1. 血中乳酸濃度　アクティブ　パッシブ

▼ STEP 2
|問 1
生理学的目的
・筋肉の適応能力を高める　・呼吸循環機能の適応を円滑にさせる　・神経の伝達速度を高める　・筋・腱・関節の柔軟性（可動範囲含む）を向上させる
心理的目的
・集中力を高める
|問 2
・スムーズな筋力発揮：筋温を上昇させることにより，筋肉内のカルシウムイオンが活性化し，筋力発揮がスムーズになる．また，関節内の潤滑油ともいわれる滑液が分泌され関節の動きがスムーズになる
・筋肉・腱の柔軟性が高まり，関節可動域が広がる：柔軟性の増加とは，筋の粘性の減少，拮抗筋の緊張度の低下，関節可動域の拡大が関与している
・エネルギー効率が上がる：徐々に運動強度を上げていく適度なウォーミングアップを行うことにより，酸素の組織における利用効率が高まる．筋温が上昇すると筋の酵素活性を高め，筋内の化学反応を促進し，筋における代謝を向上させる．ウォーミングアップによって中枢神経の興奮性を高め，反応時間を短縮できる
|問 3
・疲労物質除去の促進：運動によって産生される乳酸は，主に心筋や骨格筋の遅筋のエネルギー源として使われるため，軽運動によって除去することができる
・筋肉の柔軟性，関節の可動域を取り戻す：筋肉は使うことにより縮んでしまい，そのままにしておくと筋肉の硬化や関節可動域の狭化，身体の前後左右のアンバランスが起こる．そのため，ストレッチや体操を行うことにより，疲労回復や外傷・障害の予防につながる
・めまい，吐き気，失神を防止する：身体に負担のかからない程度の筋収縮を行うと，ミルキングアクション（搾乳作用）が起こり，筋肉がポンプの役割を果たし，静脈血を心臓へ戻す手助けとなる
・精神的に落ち着くことができる：運動後は，交感神経支配により激しい興奮状態にあるが，軽運動やストレッチを入れることにより，精神的に安定し，落ち着くことができる

5. フィットネス（基礎体力）チェック

▼ STEP 1
|問 1
1. 競技力向上　傷害予防　アスレティックリハビリテーション　評価，2. 目的　測定項目　信頼性　条件設定　評価，3. 12分間走　20mシャトルランテスト，4. ジャンパー膝　オスグッド-シュラッテル病

▼ STEP 2
|問 1
筋力
握力　脚伸展力
筋持久力
上体起こし
全身持久力
最大酸素摂取量　無酸素性作業閾値
柔軟性
距離法（大腿四頭筋）角度法（ハムストリングス）
筋パワー
垂直跳び　立ち幅跳び　ボール投げ　脚伸展パワー

6. フィールド（専門体力）チェック

▼ STEP 1
|問 1
1. 問題点の把握　コンディショニングレベル　トレーニング成果，2. 競技種目　ポジション　テスト項目を選択，3. 強化ポイント　評価表　比較データ，4. 12分間走　Yo-Yo間欠的持久力テスト

▼ STEP 2
|問 1
最大パワー
垂直跳び　立ち幅跳び
無酸素性持久力
300mシャトルラン
有酸素性持久力
12分間走　マルチステージテスト
間欠的持久力
Yo-Yo間欠的持久力テスト
アジリティ（敏捷性）
ヘキサゴンドリル　エドグレンサイドステップ　プロアジリティテスト　Tテスト
スピード
30，40，50mスプリント

7. 身体（組成）測定，柔軟性テスト

▼ STEP 2
|問 1
腸腰筋のテスト
背臥位，非検査側の股・膝関節屈曲：検査側を中間位保持，非検査側の屈曲に伴って，検査側の膝窩が床から離れれば腸腰筋の短縮の疑い
ハムストリングスのテスト
背臥位，膝関節伸展位：股関節を他動的に最大屈曲．股関節の屈曲角度で柔軟性を評価
下腿三頭筋のテスト
立位，両脚を前後に開く：後脚の踵を接地，膝を伸展したまま前脚に体重移動，足関節の背屈角度で柔軟性を評価

検印省略

公認アスレティックトレーナー専門科目テキスト ワークブック

予防とコンディショニング

定価（本体 2,000円＋税）

2011年1月27日　第1版　第1刷発行
2021年6月16日　同　　第7刷発行

監修者　公益財団法人日本スポーツ協会
　　　　指導者育成専門委員会
　　　　アスレティックトレーナー部会
編集者　石山　修盟（いしやま　しゅうめい）
発行者　浅井　麻紀
発行所　株式会社 文 光 堂
　　　　〒113-0033　東京都文京区本郷7-2-7
　　　　TEL (03)3813-5478（営業）
　　　　　　(03)3813-5411（編集）

©公益財団法人日本スポーツ協会・石山修盟, 2011　　印刷・製本：広研印刷

ISBN978-4-8306-5173-1　　　　　　　　　　　　　Printed in Japan

- 本書の複製権，翻訳権・翻案権，上映権，譲渡権，公衆送信権（送信可能化権を含む），二次的著作物の利用に関する原著作者の権利は，株式会社文光堂が保有します．
- 本書を無断で複製する行為（コピー，スキャン，デジタルデータ化など）は，私的使用のための複製など著作権法上の限られた例外を除き禁じられています．大学，病院，企業などにおいて，業務上使用する目的で上記の行為を行うことは，使用範囲が内部に限られるものであっても私的使用には該当せず，違法です．また私的使用に該当する場合であっても，代行業者等の第三者に依頼して上記の行為を行うことは違法となります．
- JCOPY〈出版者著作権管理機構 委託出版物〉
本書を複製される場合は，そのつど事前に出版者著作権管理機構（電話03-5244-5088, FAX 03-5244-5089, e-mail：info@jcopy.or.jp）の許諾を得てください．